中国珍藏镜鉴书系

玉雕收藏品鉴

贾振明　编著

北京出版集团公司
北京美术摄影出版社

图书在版编目（CIP）数据

玉雕收藏品鉴 / 贾振明编著. — 北京 : 北京美术摄影出版社，2017. 1
（中国珍藏镜鉴书系）
ISBN 978-7-80501-965-9

Ⅰ. ①玉… Ⅱ. ①贾… Ⅲ. ①玉器—收藏—中国②玉器—鉴赏—中国 Ⅳ. ①G262. 3②J314. 9

中国版本图书馆CIP数据核字(2016)第266308号

中国珍藏镜鉴书系

玉雕收藏品鉴

YUDIAO SHOUCANG PINJIAN

贾振明　编著

*

北京出版集团公司
北京美术摄影出版社　出版

（北京北三环中路 6 号）

邮政编码：100120

网　　址：www.bph.com.cn

北京出版集团公司总发行

新　华　书　店　经　销

山东海蓝印刷有限公司印刷

*

720 毫米 ×765 毫米　16 开本　12 印张　200 千字

2017 年 1 月第 1 版　2017 年 1 月第 1 次印刷

ISBN 978-7-80501-965-9

定价：68.00 元

质量监督电话：010-58572393

责任编辑电话：010-58572245

前 言
Preface

玉石历来被人们当作珍宝，当作美好事物的标志和君子风范的象征。玉石的种类繁多，如和田玉、南阳玉、蓝田玉、玛瑙、水晶、绿松石、翡翠等。玉石经加工雕琢成为精美的艺术品，称为玉雕。

玉雕是中国最古老的雕刻品种之一。在新石器时代，玉雕虽然雕琢手法简单、线条简洁，但非常传神，颇有神秘感，一般以鸟、鱼、龟、猪、蝉等动物为主。商周时期，治玉成为一种专业，玉器成了礼仪用具和装饰佩件，玉器多为玉佩，中有小孔，以便于佩戴，纹饰精美简洁，采用浮雕技艺较多而圆雕技艺较少，讲究表达生动传神。到了秦汉时期，玉雕技艺有了飞跃式的发展，多采用圆雕与浮雕相结合的雕刻方法，兼备写实与抽象的艺术风格，栩栩如生，传神之至。明清时期，玉雕艺术达到顶峰，玉器数量之多、品种之繁、玉质之佳、雕琢之精、纹饰之美、用途之广，可谓空前绝后，这一时期的玉器最讲究贵与美，无论是用料、雕刻、盘养，还是纹饰、质地、色泽，都彰显了这一时代玉器华丽秀雅的风貌。

时至今日，玉雕依然深受人们的喜爱，而且随着人们生活水平的提高，收藏玉雕的人也越来越多。但是由于不少人缺乏相关的玉雕知识，常常无法做到有的放矢，有鉴于此，我们精心编撰了本书。本书内容丰富，通俗易懂，详细介绍了传统玉雕的历史溯源、主要材料、加工工艺、纹饰特点以及收藏与养护等，并配有大量精美的实物图片，让广大读者不仅能从文字中得到启发，也能从图片中感受到玉雕文化的博大精深。

由于编写时间仓促，水平有限，书中难免有疏漏之处，敬请广大读者和专家批评指正。

目 录
Contents

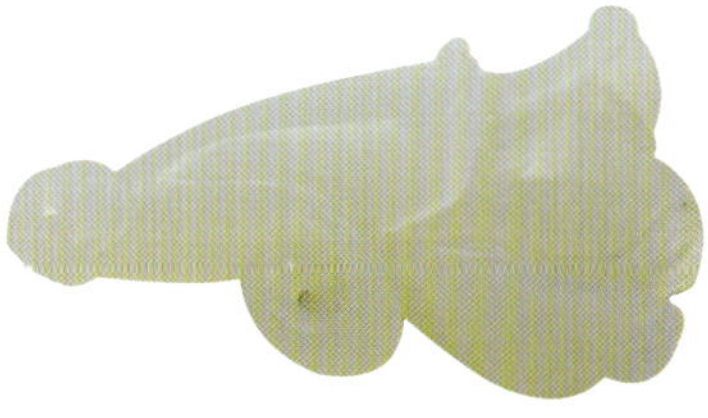

玉雕的历史溯源

自古以来，中国人对玉就有着特殊的崇拜之情，中国人发现并使用玉的历史已有近 8000 年，是世界上最早使用玉石的文明古国之一。智慧的先民们很早就将神秘、道德等含义赋予了玉器，使其具有深远的意义。艺术是人类思想文化、社会文化的反映，玉器也是如此。我国古代的玉雕制品深受当时的思想观念、社会经济、社会文化等各方面的影响。博大精深的玉雕文化的形成，经历了一个很漫长的时期，并随着社会经济文化的发展而不断变化。那一件件巧夺天工、出神入化的艺术瑰宝，凝结了古往今来历代玉雕大师们无数的心血和智慧，有力地推动了人类文明的发展。

孕育期——新石器时代

从相关的考古研究可以得知，中国最早雕琢玉器的历史可追溯到新石器早期。考古人员在中国各地普遍发现了距今5000年前后的新石器时代的玉制品。在各地发现的5500年前的玉制品，以装饰品类和工具、武器类为主，此后才开始出现具有宗教意义的礼器，如璧、琮等，而钺、刀已是某种权力的象征。

在新石器时代，我国主要有红山文化、良渚文化、大汶口文化、河姆渡文化、龙山文化等代表性文化遗址。在不同时期、不同地区的文化之中，红山文化、良渚文化及龙山文化代表了中国玉文化的主流，见证了新石器时代玉文化的发展历程。

黄沁亭亭玉立挂坠

种类：和田玉

规格：36g

市场参考价：7.8万元

大展宏图牌

种类：和田玉

规格：47g

市场参考价：2.8 万元

中国北部的今内蒙古、东北三省一带诞生了红山文化。因当时的玉制品首次发现于内蒙古赤峰红山，因此得名。兴隆洼文化时期，红山文化开始萌芽，其最辉煌灿烂的时期是公元前 3500 年。此时期出土的玉制品数量极大，除斧、钺、璧、联璧、管、棒形玉、勾云形佩外，还发现了以动物造型或类似花纹装饰的玉佩类，如鱼、龟、鸟、凤、龙、猪龙等，最吸引人眼球的是玉龙和各种动物。其中三星他拉红山文化玉龙是最早的中国玉龙形象，其雕刻之精美，堪称北方出土的最有特点的玉器作品。红山文化出现的玉龙对研究中国龙的起源及形象具有非常重要的价值。

良渚文化位于中国东南部，主要分布在太湖地区，北至江苏中部，南到钱塘江，距今 4500 ~ 5500 年，其特点是出土玉器数量最多、治玉水平最高、影响力最强。此时期的玉雕非常精细，有不少玉制品上刻有兽面纹，刻纹细如发丝，有的甚至需要借助放大镜来观察，达到了中国玉文化的第一个鼎盛时期。

美石款原籽龙凤

种类：和田玉

规格：120.8g

市场参考价：18.8 万元

良渚文化发现的玉器更加丰富，包含有璧、琮、钺、璜、冠形玉器、三叉形玉器、玉镯、玉管、玉珠、玉坠、柱形玉器、锥形玉器、玉带及环等，璧、琮数量最多。其中玉琮是一种非常有代表性的器物，其外方内圆，非常精美。良渚文化将玉器的制作和使用技艺推到了巅峰。

玉雕常见吉祥图案寓意

◎八吉祥：又称佛教八宝，象征佛教威力的 8 种物象。“八吉祥”由 8 种识智即眼、耳、鼻、音、心、身、意、藏所感悟显现，描绘成 8 种图案纹饰，即轮、螺、伞、盖、花、罐、鱼、长。

◎百事如意：常用百合花或柏树、柿子或狮子、灵芝或如意表示。

◎大吉大利：常用橘和荔枝图案来表示，有吉祥顺利之意。

◎双龙戏珠：双龙戏珠，穿云驾雾，是吉祥的象征。

18K 铂金配钻石吊坠

种类：翡翠

规格：8.4g

市场参考价：2.28 万元

冰种观音吊坠

种类：翡翠

规格：高 6cm，宽 3cm

市场参考价：3.8 万元

龙山玉文化的发现，标志着中原玉文化的兴起，主要包括河南周围，在山东、湖北、山西、陕西、甘肃、青海等地也发现了同时期的玉制品。这些玉制品风格很相似，基于考古学文化的同一性，专家认为这些玉器应该来自中原地区。这个时期出土的玉器最常见的种类为武器工具类，如钺、锛、戈、多孔大刀等，它们象征军事指挥权或礼仪。

装饰类玉器有璜、管、坠、璧、环式镯、发簪等，数量较少，制作也不如以前精美。石家河遗址中出土了许多玉制品，如人头、蝉、虎、龙、鹰、鹿、羊等，玉璧、琮数量减少，这些玉雕大多无纹饰，制作也不很精美。

总体来看，原始社会的玉雕以一些平面体或柱状体的兵器、礼器和珠饰、片饰等最为常见。这些制品大多对称、整齐，实用性较强，器型多比较光滑，偶尔出现简单的阴刻线纹。

吉运富贵

种类：艳红兔毛俏色水晶

规格：2.5cm×2cm×3.6cm

市场参考价：2000 元

成长期——夏、商、周

夏、商、周是中国的奴隶社会时期，龙山时代中原玉文化的特征被此时代直接继承，而且还运用先进的铜器来制作玉器。这一时期的玉雕开始形成手工业，具有一定规模的手工作坊建立起来，并出现一批技术人员。在这样的条件下，玉器雕刻的工艺不断发展，玉器造型和纹饰开始复杂起来，使用的雕刻材料不断丰富，包括南阳玉、岫岩玉、玛瑙、萤石、水晶、孔雀石、绿松石等数十种。

夏朝的玉器多见工具或武器的仿制品，又长又宽，薄而有刃，但并不具有实用价值，很明显这是一种显示统治者具有至高无上权力的仪仗工具。具体说来有刀、戈、戚、斧、镞、锥、矛、柄形器、管等。刀、戈、戚、柄形的大部分玉器都是从龙山文化中继承下来的。夏朝玉器中素面的和刻有精美饰纹的都有。此时期的纹饰主要有直线阴弦纹、直线交叉的几何纹、绳索纹、云雷纹、花瓣纹、兽面纹和人面纹。此时期首次出现了“臣”字纹，并在商朝及西周时期沿用，具有重要意义。

唯吾知足玉钱

种类：和田玉

规格：18g

市场参考价：6800 元

到了商周时期，人们开始用玉来象征伦理观念中的高尚品德，把玉比作谦谦君子，对玉有了特别的喜爱之情。这种思想逐步发展成信仰玉和用玉的一整套制度，自此，玉成为中华民族崇奉的瑰宝。商周时期总结出了关于玉的伦理道德观，后来又经过孔子等诸子百家的宣扬、推崇，使其展现出了更加旺盛的生命力。

商朝出土的玉器数量繁多、品种齐全、工艺精湛，令后人惊叹。商都安阳殷墟出土的商朝玉器最多。举世闻名的妇好墓出土了 755 件玉器，是商朝出土玉器最多、最精美的一处墓穴。其他的一批精美玉器在四川省广汉三星堆、湖北省盘龙城、江西省新干县大洋洲遗址出土，其种类、特征与商王朝中心出土的玉器相似。

聚财貔貅

种类：琥珀

规格：11.8g

市场参考价：9800 元

西周玉器继承了殷商玉器的风格，但也有自己的特点。此时期有不少如鹿、虎、鹰、牛等动物形象，造型虽简单但生动写实。到了东周时期，出现了浮雕，玉器种类仍有夏商很常见的仿工具类玉器，但是仿武器的仪仗器中已不再有刀、戚这两种，还存在的戈和钺均尺寸减小，或转作他途。

与人神有关的玉器中，人头或人面形器更少见了，圆雕和两面不同形象的玉人几乎消失了；像生类玉器普遍减少，相对增多的只有玉虎、玉鹿和玉鱼 3 种。此时期的玉琮比殷商时期多而典型，但多是素面的；玉圭首次出现且数量众多；玉佩首次发展成了成组串饰。东周出土的玉具剑以及组佩、葬玉，对研究当时社会习俗有重要意义。此时期的玉也用于仪礼、典庆、祭祀场合，山西省侯马晋国遗址出土的上写有盟誓内容的玉圭、玉片，证实了这一点。

富贵有余

种类：绿珀包蜜琥珀

规格：23g

市场参考价：1.28 万元

综上所述，夏、商、周时期是中国玉器的基础和繁荣时代，这种繁荣有其客观条件，当然也有社会进步的推动。

转变期——春秋战国

奴隶制社会向秦汉时代转变的过渡期玉器，就是春秋战国玉器，其起着承前启后的作用。这表现在如下方面：玉器种类与之前有很大差异，之前存在的仿工具和武器形的玉器基本绝迹了，之前盛行的六器中有5种都衰落了，只有玉璜发展迅猛，且数量丰富。玉器中的玉虎（琥）一枝独秀，数量大增，且制作比前代更加精美。

西周出现的成组佩玉在此时期得到了大力发展并趋向成熟，组串的形式变得更加丰富多样，串缀物制作有一定的章法，一般是上有珩，中有双璜和圆环形器，最下则串冲牙、间串琚。人神器中很难发现人头或人面形器，跪地抚膝人像和人兽复合像、蹲踞举掌式人像等均消失了，取而代之的是跪地、拱手于胸前的贵族式玉人。此时期还创制出了史无前例的新型玉雕，具有代表性的有玉带钩、玉具剑饰物等，这些器物对后世产生了重要影响。传统玉器出现了新的使用方法，如玉璜，其外形虽与之前没什么区别，但在穿孔和佩戴方式上却发生了变化。

福如意

种类：南红玛瑙

规格：19.8g

市场参考价：2200 ~ 3800元

古韵龙牌

种类：南红玛瑙

规格：25.19g

市场参考价：6500 元

前代的玉璜有两种穿孔方式：一种是孔仅在一端，另一种是只在两端各穿一孔。其佩戴在身上时朝下的一侧是凸弧的，朝上的一侧是凹弧的。而春秋中期的玉璜，除两端穿孔的形式被保留外，还有近一侧的中部加穿一孔的新形式，如此一来，佩戴时就与以前的情况完全相反了。若将其作为成组佩玉之玉珩，其两端之孔还能用来挂缀其他佩件。从战国时期开始，玉器上以前常见的喇叭形孔变成了直径上下大小相近的孔。此时期的片饰玉佩有单形和对称形，单形的大多类似龙形、鸟形，对称形有如双龙、双凤、龙凤对称形。佩有椭圆、圆、半圆、S 形、任意形等外形。

吉祥和美

种类：南红玛瑙

规格：18.6g

市场参考价：5500 ~ 7000 元

春秋战国时期的玉器纹饰也有自身独特的特点。春秋早期玉雕上仍有短而密的双钩纹，到了中晚期，所有的纹饰都变成了似龙非龙、似虫非虫、头尾交连、又小又密且界限不清的夔龙纹。战国玉器最大的变化表现在纹饰方面，浮雕纹饰成为主流。浮雕纹饰有两种不同的表现形式，其一是商朝的双钩碾轧法，其二是东周以后的起边棱深浅浮雕和撞地浮雕法。此时期的纹饰图案化，在有一定规律的图案中加入了不规则的纹饰，使画面看起来更生动、鲜活。纹饰线条清晰，布局得当，颇具美感，与玉之美不谋而合。另外，玉的雕琢工艺进步很大，弯转自如，不拖泥带水。有的纹理细如须发，不滞、不断。镂空的手法更能衬托纹饰的美丽，孔眼紧凑、变化多端、线条流畅平顺、尖角锋利、大小弯转适宜，形成了极好的效果。此时期的纹饰种类非常丰富，主要有谷纹、涡纹、蒲纹、云纹、勾连云纹、竹节式纹、网状纹、绳纹。龙形纹在此时期最受欢迎，并派生出新的所谓的蟠纹。从玉璧这种玉雕制品中最能感受到纹饰的变化，它不再是之前单调的圆形，而是在璧缘、璧孔中镂空龙、凤形象。玉璧自原始社会出现以来，经久不衰，从无纹饰到阴线、阳线、撞地浮雕，再到战国时代的璧缘、璧孔中的镂空雕，造型更加生动，纹饰也更加繁复，使玉璧的形象丰富起来，更为汉朝盛行的出廓璧打下了基础。

玉雕常见吉祥图案寓意

◎二狮舞球：一般由大小一对狮子相互逗乐戏耍绣球构成图案，表现吉祥和喜庆。

◎吉庆平安：图案多为瓶中插戟、挂磬，谐音吉庆平安，寓意吉祥、平安。

◎吉祥如意：图案多以大象表示吉祥，灵芝表示如意。

◎吉星高照：图案多是云端中有一个灯笼或五角星，中间有一个吉字，地面是人或山川。人们认为天上有显示吉兆的星星，这种吉星出现时会给人带来吉祥。

手镯

种类：冰种翡翠

规格：73.35g

市场参考价：5.5 万元

18K 铂金镶钻戒指

种类：翡翠

规格：4g

市场参考价：1.8 万元

发展期——秦汉

秦汉玉制品继承了前代玉雕的精华，同时又转变过渡，更是将玉礼器制度推向了巅峰。

秦王朝非常短暂，给后世遗留下的玉雕制品少之又少。古代典籍中详细介绍的“传国玺”，是秦国首创，是名垂千古的玉制品，遗憾的是并没有留下实物。

聚财貔貅

种类：琥珀

规格：7.16g

市场参考价：5800 元

到了汉代，春秋战国时代大受欢迎的成组的佩玉，在此时期却被禁用，不再加工制作。而数量有所增加的是单个玉佩，这种玉佩有特殊含义。此时期还出现了新品种的佩，如玉刚卯和严卯、玉舞人佩、玉翁仲等。汉代玉雕制品的另一大特点是大量盛行葬玉及玉衣，如令后人叹为观止的刘胜墓的金缕玉衣、楚王墓的金缕玉衣，还有银缕玉衣等，其制作复杂，是用金丝或银丝将数千枚玉片穿起来做成玉匣状来包裹尸体。

大量出土的葬玉，包括玉琀、握玉、玉面具、九窍塞等。葬玉在贵族阶级和平民百姓中均广泛使用，只不过在等级森严的封建制度下，不同等级、不同阶层的人使用的葬玉规格、档次不同而已。玉衣及葬玉逐渐形成了一整套的葬玉文化。汉朝的像生形玉器包括玉鸠、玉鹰、玉马、玉羊、玉虎、玉熊，还创新出了玉辟邪、玉青龙、玉白虎、玉朱雀、玉玄武等。这些玉雕制品在用途、器种、纹饰等方面都发生了很大变化。

金运龙牌

种类：淡茶金发水晶

规格：2cm × 0.8cm × 2.5cm

市场参考价：1800 ~ 2300 元

观音牌

种类：和田玉

规格：58.4g

市场参考价：2 万元

两汉玉器最引人注目的品种和形式的变化是选料精细和器型变大，这使得世间一批精美异常的大型玉雕件得以问世，首次出现了耗费数百上千块玉组成的一件玉衣，同时同一器物上有多种纹图修饰，像玉四灵纹瑗、玉樽都是利用了多种纹饰。如果说新石器时代的玉器是神秘的，商朝玉器以写实为主，西周至战国玉器注重装饰的话，则两汉玉器就涵盖了以上各时代玉器的特点。此时期玉制品用途之广、制作之精美、内涵之深奥，是史无前例的。

玉雕从原始社会发展到汉朝，可以说是走完了第一个历程。这个历程从挑选玉料到雕琢加工，再到应用于社会的方方面面，是一个完整的整体，始终受统治者的控制和约束。

独籽凤挂坠

种类：和田玉

规格：3g

市场参考价：6000 元

原籽原皮路路通把件

种类：和田玉

规格：128.8g

市场参考价：3.8 万元

抓住机遇

种类：琥珀

规格：16g

市场参考价：1.2 万元

繁荣期——隋唐、五代、宋

唐代既继承了我国的传统文化，又引进了外来文化，使其自身文化变得丰富多彩，各种艺术形式都得到了很大发展。

唐代玉器虽然还是主要为皇宫、贵族服务，但和汉以前还是有很大不同的。除了发现有中国传统的玉器外，还发现了不少外来玉器及中外交融的玉器。

玉雕常见吉祥图案寓意

◎事事如意：图案多由柿子和如意构成，表示万事如意。

◎吉庆有余：童子敲击磬和玩耍金鱼灯笼，表示吉庆有余，寓意吉祥、欢乐和富裕。

◎纳福迎祥：图案以小孩抓蝙蝠装入缸中表示纳（抓）福（蝠）迎祥之意。

◎年年大吉：常以两条鲇鱼表示年年，大的橘子表示大吉，代表每年都大吉大利。

◎三阳开泰：冬去春来，阴消阳长，有吉祥之象，俗称三阳开泰，为岁首称颂之词。图案中三只羊象征三阳，天上有太阳。羊还有吉祥之意。

◎事事大吉：两个柿子和一个橘子取其谐音，表示事事都吉祥，样样都称心。

隋唐玉器豪华尊贵、气韵生动，其琢制手法豪放大气，其风格与当时的绘画、壁画、雕塑（石雕、泥塑）很相似。雕琢出的人物、动物造型都生龙活虎，虽形体夸张却又不失法度，富有浪漫主义色彩。细节部位的装饰善用较密集的阴线，与绘画上的铁线描类似，不加任何刻饰，显得很自然。此时期还出现了金镶玉等玉器形制，把金、玉互相搭配起来。此时期的玉器中杯盏类特别多。

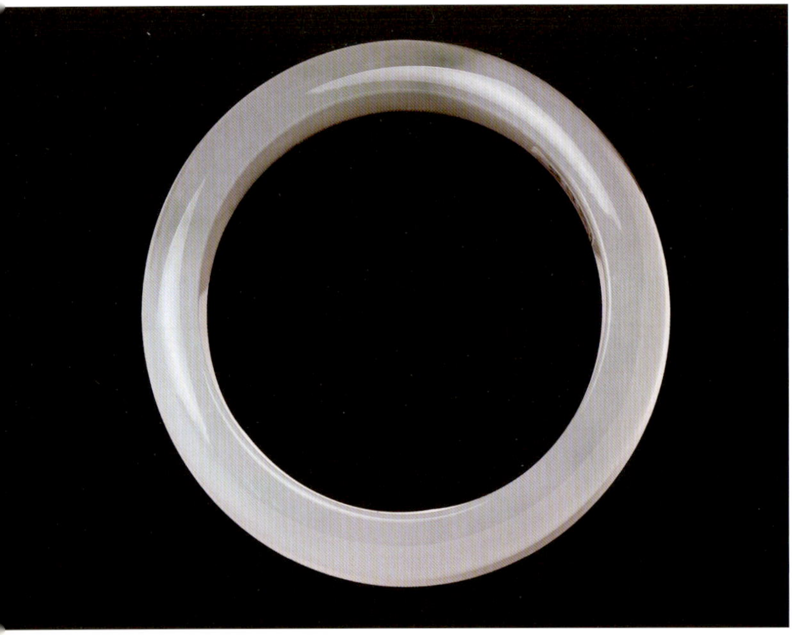

手镯

种类：高冰翡翠

规格：96.38g

市场参考价：17.8 万元

北燕冯素弗墓中出土了玉盏，北齐库狄回洛墓和集安高句丽墓出土了白玉耳杯，隋李静训墓出土了白玉杯。北京故宫博物院展览出了唐青玉人物纹杯、青玉单耳瓜棱杯、青玉莲瓣纹杯、云纹杯。这些杯盏，既继承了传统玉器制造的工艺，又具有鲜明的当时杯盏造型的特点。此时期的各种玉制器皿数量不断增多。

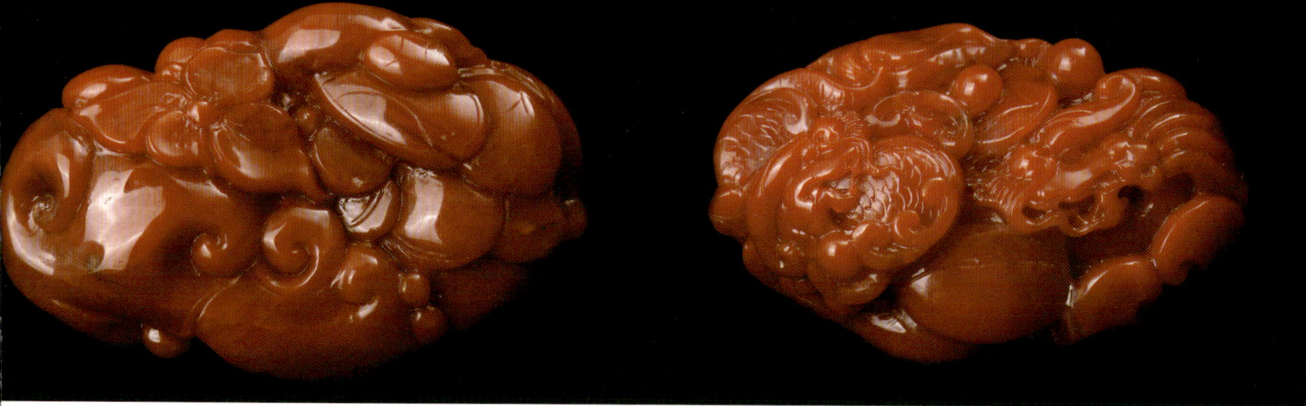

龙凤呈祥摆件

种类：南红玛瑙

规格：不详

市场参考价：8 万元

五代玉器制作深受唐影响，四川省成都市前蜀皇帝王建墓和江苏省南京市江宁区东善桥祖堂山南唐皇帝李煜墓等出土的玉雕制品包括玉带、玉佩、玉梳背、玉哀册等。进入宋代以后，皇宫内设立了专门从事玉器制作的机构，而且，借着商品经济的发展，民间的琢玉作坊迅速发展起来。宋代的玉器种类主要包括玉带板、玉发冠、玉钗、玉佩、玉龙、玉鹿、玉马、玉鸟、玉鸭、玉鱼、玉龟、玉花、玉碗、玉杯、玉盂、玉盒、玉洗、玉笔架、玉镇纸、玉砚滴、玉印章等。另外，此时期的仿古制作蔚然成风，大量的仿古玉器出现。仿古作品有玉璧、玉琮、玉剑饰、玉龙佩、玉瓶、玉炉等。

松鼠葡萄把件

种类：南红玛瑙

规格：不详

市场参考价：1.6 万元

福在眼前

种类：南红玛瑙

规格：24g

市场参考价：2600 ～ 4000 元

宋代时期，玉器造型和纹饰得到了综合发展，出现了各具特色的深浅浮雕、圆雕和镂雕，其中平浅刻和镂空技术是最具代表性的。虽然平浅刻和镂空技术并不是宋代首创，甚至有的朝代这两项工艺也达到了较高的水平，但其在宋代极其发达，形成了具有鲜明特色的一代风格。

宋代玉器借鉴了绘画艺术的一些内容而有所创新，在写实主义花鸟画影响下，玉器装饰题材焕然一新，迎合市场需求的镂雕技艺进一步显示出生命力。其代表性作品有玉折枝花饰、花锁、双鹤衔草饰件等。此后，金石学逐渐兴起，激发了人们对古玉的收藏和考证的热情。人们对唐、宋两个时期艺术思潮的总评价为唐创新、宋模古。

貔貅吊坠

种类：南红玛瑙

规格：不详

市场参考价：8000 元

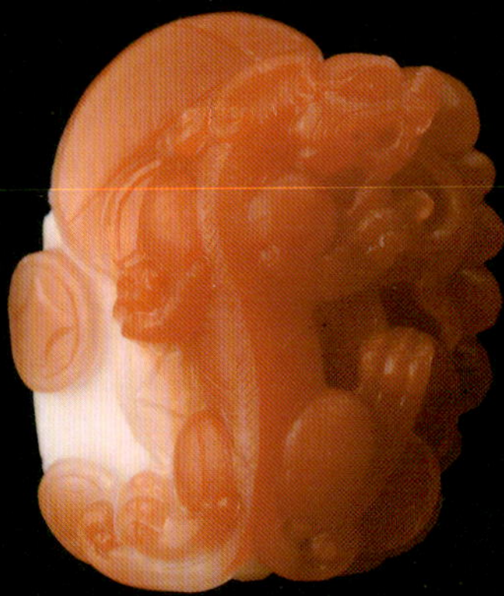

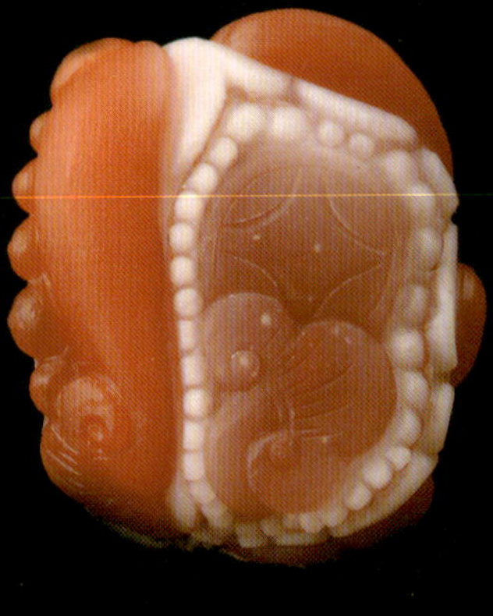

鼎盛期——元、明、清

元代持续的时间并不长，但统治者重视玉器制造，因此遗留下来了一定数量的玉雕制品。此时期的玉制品有玉带板、玉带饰、玉带钩、玉带扣、玉押、玉人、玉鸟、玉兽、玉鱼、玉杯、玉洗、玉瓶、玉樽、玉炉及其他玉饰。

18K 铂金配钻石翡翠戒指

种类：翡翠

规格：6.7g

市场参考价：1.1 万元

明代以定陵出土的玉器最具研究价值，还有不少玉雕精品是在其他王室墓中出土的。明万历皇帝的陵墓被称为定陵，这里出土了大量金银、玉器及红宝石、猫眼等稀世珍宝，璀璨耀眼。其中的玉制品质地细如凝脂，雕工炉火纯青。其中有上等的脂白玉花饰、白玉杯、白玉爵、白玉壶、白玉皂盒、青玉圭、玉盂、碧玉大盘、玉带等。总的来讲，明代宫廷的玉器得到了很好的发展，逐渐趋于成熟。民间玉器的用料、雕工等方面和宫廷玉雕相比还是有一定差距的，但民间的玉器小雕件发展较好。

合欢

种类：幽灵水晶

规格：11.8cm×9.8cm×18cm

市场参考价：5万元

清代玉器发展极其迅速，这一方面是因为此时期玉原料充足，尤其是乾隆帝平息了回部大小和卓的叛乱后，新疆每年向朝廷进贡的和田玉数量是非常惊人的；另一方面是因为统治阶级对玉的极度推崇。因此，人们藏玉、爱玉的热情非常高涨。清代玉器数量极大，制作特别精美，而且还留下了许多大型传世名品。此时期玉器的用途更加广泛，涉及了方方面面，包括陈设、器皿、佩饰、祭器、偶像、文玩、用具、镶嵌等许多类别。清代宫廷玉器达到了当时玉雕工艺的最高水平，地方玉器虽也不断发展，但和宫廷玉器相比差距较大。

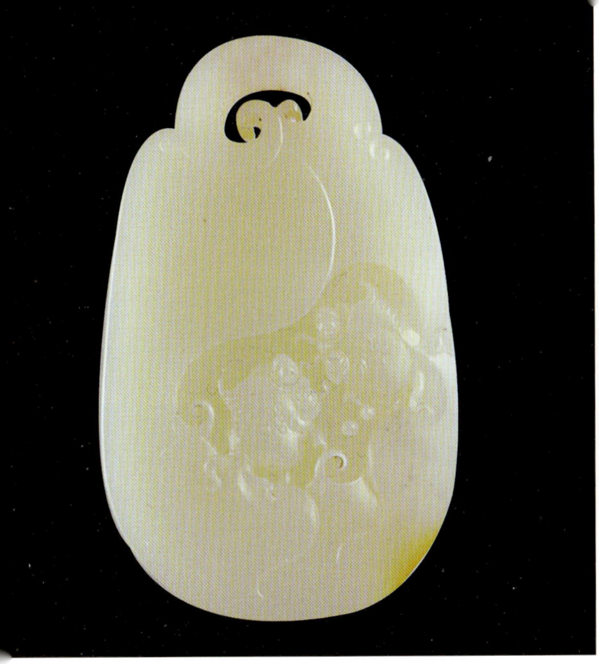

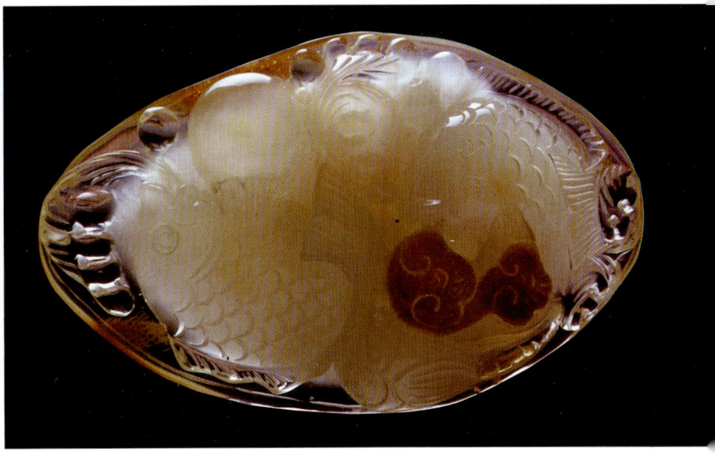

金玉满堂牌

种类：和田玉

规格：43.1g

市场参考价：6.6 万 元

连年如意

种类：蜜蜡

规格：36g

市场参考价：2.6 万元

>>> 乾隆帝爱玉成癖 <<<

乾隆皇帝爱玉成癖，他对玉石的赏玩和收藏，是历史上任何一个皇帝都无法与之相媲美的。他一生欣赏过无数件玉雕精品，故宫收藏的他御览过的玉器达数万件之多。在乾隆皇帝的倡导下，清代宫廷玉器的做工之精、数量之多、种类之齐全，是历史上任何一个朝代都无法与之相比的。

早在乾隆整顿吏治时，就非常钟情于高雅纯洁的美玉。每年各地官员给朝廷进贡，玉石是必不可少的，因为乾隆把玉石看作最珍贵的宝物。乾隆把玩起玉石来就一发不可收拾，他总是想尽办法得到美玉。除了每年惯例的常贡之外，他允许官员随时进贡，他甚至用高于市场价格的钱回赠进贡官员。他在位期间，宫里摆满了各种翡翠玉器，他自己所有的用品几乎都是用玉制成的。乾隆皇帝爱玉并不只是爱它浅显的美丽，乾隆还是一位很有眼光的玉器鉴别师，他亲自鉴赏从各地收藏来的古玉，而且还酷爱在收集到的古玉上题诗，其数量总计有 800 多首。

佛牌

种类：和田玉

规格：13.6g

市场参考价：2.2 万元

原籽原皮路路通挂坠

种类：和田玉

规格：39g

市场参考价：3.5 万元

乾隆还控制了玉源地，解决了玉原料问题，宫里拥有大量上等的玉材。他把全国各地的优秀玉雕设计师和匠师聚集到宫中来，在宫中开设如意馆等机构专门制作玉器。当时苏州的玉雕工艺在全国是首屈一指的，乾隆帝就发派苏州织造制作玉器的活计，使得大量精美绝伦的玉雕作品问世。到了晚年时，乾隆收藏的玉雕精品数不胜数。闲暇时光，乾隆总是会把这些玉器拿出来擦拭、把玩。其中有一件名为《桐荫仕女图》的作品深得乾隆喜爱。整块玉石的中心被掏去一大块，苏州工匠将余下的材料琢成了一幅展现江南庭园景色的物件：园门内外可见繁茂的蕉叶和假山风景，中间是虚掩着的两扇半月形门扉，门内外各有一位白衣少女站立着，她们透过门缝相互窥望。这件作品设计极其巧妙，玉匠巧用废料、妥善利用玉的颜色形成了这样诗情画意的效果。在乾隆看来，这件玉雕作品就是价值连城的珍宝。

玉雕的主要材料

中国被赞为“玉石王国”，对玉的使用在世界上是最早的。目前，世界上可用的玉石矿物有230种，中国占了50余种。常见的玉石有近30种之多，如翡翠、和田玉、水晶、玛瑙、琥珀等。

美石款府上有龙摆件

种类：和田玉

规格：337g

市场参考价：22 万元

软玉之王——和田玉

和田玉在我国有着悠久的历史，是中华民族文化的重要组成部分，是我国四大名玉之首，是我国的国粹。早在春秋战国时期，儒生就把礼学与和田玉结合起来研究，用和田玉象征君子，借以体现礼学思想。他们将儒家的仁、义、礼、智、信等传统观念同和田玉的各种特点联系起来，于是玉有“五德”“九德”“十一德”等学说应运而生。和田玉玲珑清秀、细腻莹润、美丽耐久，自古就是统治者和贵族阶级专门占有的器物。我国古代封建社会中象征着至高无上权力的玉玺大多是用和田玉制成的，而清代的乾隆皇帝更是不可一日不见玉，尤其钟爱温润细腻的和田玉。和田玉作为中国玉器的典型玉材，代表了中国传统的玉文化，在中国古代玉器中占有举足轻重的地位。用和田玉制成的玉器，具有浓厚的中国气魄和鲜明的民族特色，是中华民族文化宝库中的珍贵遗产和艺术瑰宝。

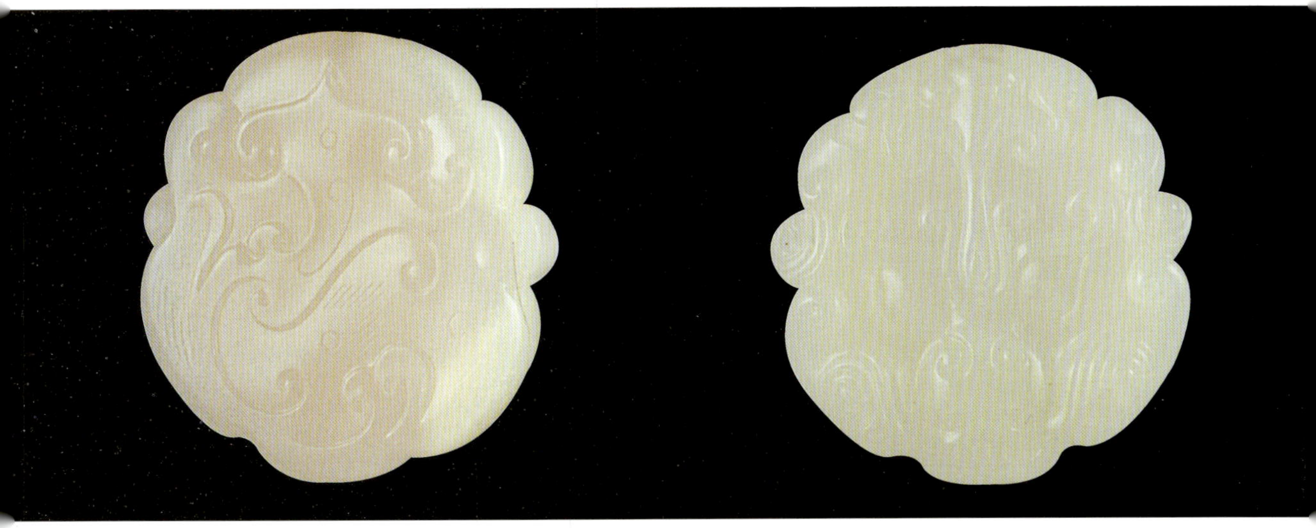

美石款辅首挂坠

种类：和田玉

规格：24g

市场参考价：3.3 万元

和田玉的化学成分是含水的钙镁硅酸盐，硬度为 6 ~ 6.5，密度为 2.96 ~ 3.17。和田玉是一种由微晶体集合体构成的单矿物岩，含极少的杂质矿物，主要成分为透闪石。其著名产地是号称“万山之祖”的昆仑山，今新疆维吾尔自治区和田地区。和田玉产于整个昆仑山北坡，长约 1300 千米。和田玉器有着得天独厚的文化内涵和保健功能，是难得的艺术珍品。很多和田玉器都小巧玲珑，既便于收藏，又可以把玩，其工艺价值、人文价值和审美价值更是非同凡响，这些都是不能以金钱来衡量的。每件和田玉器的材质和雕琢风格不同，使得每件和田玉作品的造型都非常独特，纹饰更是形态万千，独一无二。

美石款望子成龙独籽摆件

种类：和田玉

规格：324g

市场参考价：100 万元

玉雕常见吉祥图案寓意

◎太平有象：表示太平盛世欣欣向荣、五谷丰登的吉祥征兆。多以大象背上驮一个花瓶来表示。

◎龙凤呈祥：龙是玉雕中最为广泛的题材。龙是造福万物的神灵。龙凤出现表示瑞祥之兆。

◎五凤朝阳：传说 5 种凤鸟是祥瑞之物，它们都似凤凰，但颜色有所不同，分别是赤者为凤、黄者为鹓雏、青者为青鸾、紫者为鸑鷟、白者为鸿鹄。5 种凤鸟朝向太阳，寓意荣誉和吉祥。

◎五瑞图：五瑞分异兽、珍草奇石和瑞器 3 类，异兽指麟、凤、龟、龙、白虎；珍草奇石有松、竹、萱、兰、寿石；瑞器有笏、磬、鼓、葫芦、花篮，代表 5 种祥瑞、吉祥之物。

◎紫气东来：紫气是祥瑞之气，多显示帝王、神仙、宝物出现的先兆。

和田玉的种类

和田玉有狭义和广义之分，狭义的和田玉专指新疆和田地区出产的玉石，而广义的和田玉是指所有以透闪石成分为主的玉石，包括青海玉、俄罗斯玉、加拿大玉和新疆和田玉。而本书所讲的是狭义的和田玉，因为众所周知，新疆和田玉自古以来就是玉石收藏中的热点，备受人们的喜爱，被称为软玉之王。

一、按产出环境分类

1．籽料

籽料又名籽玉、子儿玉，原生玉矿受风化剥蚀被流水搬运到河流中，被摩擦光滑的玉石就是籽料。考古研究发现，从商朝开始到元代，籽料一直是中国古代雕琢和田玉器的主要材料。山料开采始于元代，清代以后对山料的使用就已经大大超过了籽料。籽料主要产自新疆玉龙喀什河、喀拉喀什河、叶尔羌河和克里雅河以及这些河流附近的古代河床、河床阶地。玉石有的露于地表，有的被埋在地下。

籽料封侯拜相原皮印章

种类：和田玉

规格：86g

市场参考价：4.38 万元

玉料中质量最上乘的就是籽料，经过长年累月的风化剥蚀、流水侵袭，它们的外形变得非常光滑、无棱无角，且一般体积较小，如盘、如斗、如拳、如栗，重约几千克的较多，最小者就和杏仁差不多大，很少见上百斤的。其质量上乘，质地细密，富有光泽，温润细腻，微透明。以白色的籽料品相为最佳，还有带青、带灰的，但质量要差一些。

籽玉大龙牌

种类：和田玉

规格：115g

市场参考价：18 万元

有外皮的籽料，称为璞玉。业内人士称其外皮为皮色，就是籽玉外表受氧化影响，形成了一层黄褐色或其他色泽的薄皮。皮色可分为色皮、糖皮和石皮。其中白玉的石质围岩外层就是石皮，要去掉这一层才能得到玉。通常习惯于用籽料外皮的颜色来给籽料命名，如“白皮籽玉”就是白皮色者、“黑皮籽玉”是黑皮色者、“乌鸦皮籽玉”是乌鸦皮色者、“鹿皮籽玉”是鹿皮色者、“桂花皮籽玉”是桂花皮色者等。

宜款马上有福籽料牌

种类：和田玉

规格：20g

市场参考价：6 万元

枣红皮原籽龙把件

种类：和田玉

规格：113g

市场参考价：28.8 万元

2．山流水

山流水是指原生玉矿石经风化剥蚀，并被水流冲刷搬运到河流中上游的玉石，矿床属残积、坡积、洪积型或冰川堆积型。山流水距原生矿近，虽受河水、雨水和冰川的冲刷、磨蚀，但被自然加工的程度不够，没能变成籽玉，许多玉料商人给它起了一个有意思的名字——“籽玉的妈妈”。

与籽料不同的是，山流水的棱角状况为“次棱角状”，即稍有磨圆，玉石表面虽不平整但较光亮细滑，常带有水波纹，这是沙石冲击后留下的，表面有或大或小的沙孔，尺寸偏大，片状的较多，质地比较细腻、紧密，颜色偏白，有青白、灰白、墨黑等颜色。

山流水的原料中还有一部分被称为“戈壁料”，这些戈壁滩上的玉石，是经过漫长岁月的风沙侵袭形成的。它们有些原本是山料，因地壳变动或其他自然现象的影响，被搬运到戈壁滩后，长期受风吹雨打形成；有些是已经形成了籽料，后受外力影响也被搬运到戈壁滩上逐渐形成的。

3．山料

山料又名山玉、碴籽玉，是产于山上的原生玉矿。尺寸有大有小、棱角分明、表面粗糙、断口参差不齐是山料的主要特点，其质地一般不如籽玉。

和田玉山料关公牌

和田玉山料镂空小笔筒

二、按颜色分类

软玉的颜色特别丰富，白、灰白、青、黄、黄绿、灰绿、深绿、墨绿和黑色等，各色皆有。我们还可以按颜色和花纹将软玉分成白玉、青玉、青白玉、黄玉、碧玉、墨玉、糖玉和花玉等几大类，它们中还包含着许多过渡类型。

1. 白玉

白玉是和田玉中品相最佳的玉石，一般都是小块的，呈卵石状。根据白玉颜色的差异，传统珠宝界对其有不同的称呼，如羊脂白、梨花白、雪花白、象牙白、鱼骨白、糙米白、鸡骨白等。其中最珍贵的白玉为羊脂白玉，其质地细腻、温润纯洁、光滑细嫩。在世界上仅我国新疆产羊脂白玉。另外，白玉并不是只有白色的，还有以白色为基调的葱白、粉青和灰白等色的白玉。由于受氧化，有的白玉表面会带颜色，例如，被称为“秋梨子”的是带秋梨色的、叫“虎皮子”的是带虎皮色的、叫“枣皮子”的是带枣皮色的，这些都是名贵的软玉品种。

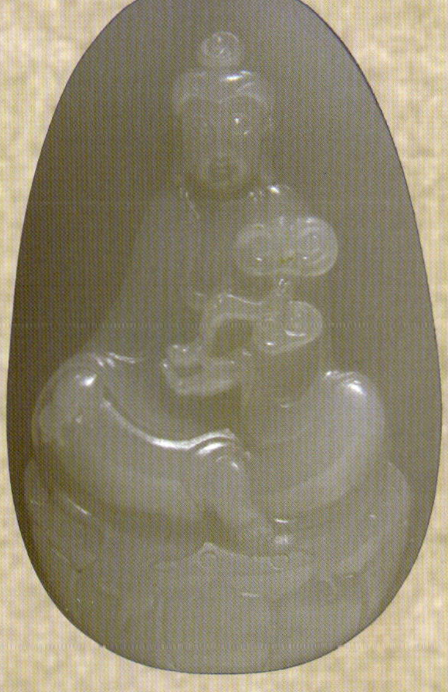

和田白玉如意观音

2. 青玉

青玉颜色呈淡青至深青绿色，有时绿色中微带灰色。近年来，市场上多见翠青玉的新品种，其颜色淡绿、温润细腻，广受欢迎。

青玉梅花壶

3. 青白玉

青白玉介于白玉与青玉之间，是似白非白、似青非青的品种。

4. 黄玉

黄玉是颜色由淡黄至深黄的软玉。黄玉质地细腻、润如凝脂、颜色娇嫩，是非常珍贵的软玉。古人认为“黄如蒸梨”色者为上品。黄玉数量极少，千年难觅，质量上乘的，其价值不逊于羊脂玉。要注意黄玉和宝石中的黄玉或黄晶的区分。

财神

种类：和田黄玉

规格：2.1cm×1cm×3.6cm

市场参考价：1.2 万～ 2 万元

5．墨玉

墨玉的颜色为墨色至淡墨色。墨色在玉料上一般分布不均，黑白对比明显。玉雕师可充分利用此特点进行创作。另外，也有全墨色的，数量稀少，乃玉中上品。

和田玉墨玉双雄

6．糖玉

糖玉的颜色与红糖的颜色颇为相像，故得此名。糖玉一般呈血红、红糖红、紫红、褐红色，其中最名贵的糖玉呈血红色。糖玉不是一个单独的玉种，常出现在白玉和青玉中，居从属地位。

7．碧玉

碧玉是指呈绿、鲜绿、深绿、墨绿的软玉，也有少量暗绿色的。其富有油质感，细看里面有条纹，多数碧玉里面带有黑点。

8．花玉

花玉即多种颜色出现在同一块玉石上，且分布得当，构成具有一定美感的花纹，如虎皮玉、花斑玉等。

和田玉碧玉长寿招财龟

玉雕常见吉祥图案寓意

◎牡丹：牡丹是花中之王，花姿雍容华贵，常用来表示富贵，意指家庭富有、位尊官高。

◎凤凰牡丹：凤凰是百鸟之王，象征吉祥美丽；牡丹是花中之魁，象征富贵。画面由凤凰和牡丹构成，表示祥瑞、富贵。

◎长命富贵：画面由山石、桃花和牡丹构成。山石与桃花寓意长寿，牡丹象征富贵。

◎富贵长春：牡丹花盛开，寓意永远富贵、长春不老。

◎富贵耄耋：图案常由牡丹、猫和蝴蝶构成。“猫蝶”与“耄耋”谐音，以此表示富贵长寿，常作为老年人祝寿之用。

和田玉的特性

1．颜色

和田玉的颜色决定其品质的高低，品质好的必须色正、色纯、色浓。色正就能艳，色纯就无瑕，色浓就鲜亮，相辅相成。

龙头挂坠

种类：和田玉

规格：22g

市场参考价：7 万元

在和田玉的工艺鉴定中，对颜色的鉴定非常重要，颜色鉴定主要指色调、色纯与色浓 3 个部分。色调指属于什么颜色，色纯指特定颜色的纯度，色浓指色的深浅。和田玉除了青、碧、墨色之外，还有黄、白等色，其中以羊脂白玉最为优良。

2. 硬度

衡量和田玉的重要指标之一就是看其硬度，一般都是硬度越大的玉，抛光性就越好，能够长期保存。正因如此，业内常用硬度划分玉器的高、中、低档。一般来说，硬度越大则越高档，反之则越低档。和田玉的莫氏硬度为 6.5 ~ 6.9。由于所含杂质成分和数量不同，各和田玉品种之间的硬度也不相同。和田白玉的莫氏硬度为 6.6 ~ 6.7，和田羊脂白玉的莫氏硬度为 6.5 ~ 6.6，和田青玉与和田碧玉的莫氏硬度为 6.6 ~ 6.9。

原籽福坠

种类：和田玉

规格：4.5g

市场参考价：8000 元

原籽原皮老少同乐把件

种类：和田玉

规格：125.8g

市场参考价：3.8 万元

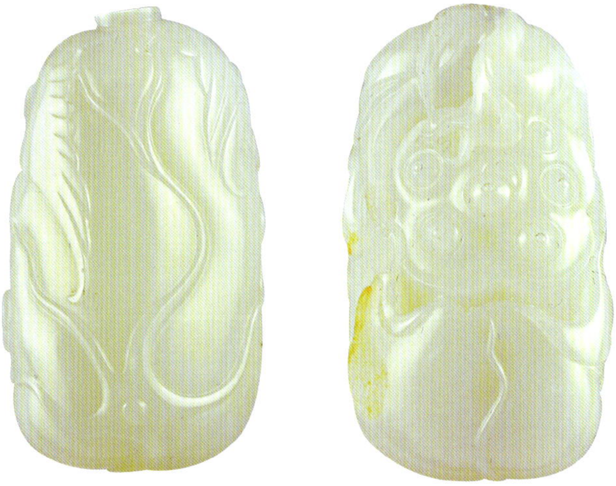

一路连科挂坠

种类：和田玉

规格：63.6g

市场参考价：8 万元

3．韧度

韧度是研磨硬度，和田玉属透闪石玉，韧度大是其特色。韧度大的玉器不容易破碎，而且耐磨，对于玉器的艺术造型和精雕细刻有极大好处。韧度是打击硬度，有的硬度很大，如黑金刚石莫氏硬度为 10，水晶莫氏硬度为 7，但是抗打击硬度低，一打即碎。而和田玉莫氏硬度虽不及黑金刚石和水晶高，但是打击硬度很高。据测定，和田玉的抗压强度高达 6542 千克 / 平方厘米，也就是说，若压碎和田玉，必须在每平方厘米上施加约 6542 千克压力；而压碎钢铁，只需要施加 4000 ~ 5000 千克压力。

4．光泽

光泽是指和田玉对光反射能力的表现。光泽是由光在矿物表面的反射而引起的，与矿物的折光率、吸收系数、反射率有关。反射率越大，和田玉的光泽就越强。不同的矿物有不同的光泽，相同的矿物由于加工程度不同也会呈现不同的光泽。按反光能力的强弱，矿物的光泽可区分为金属光泽、半金属光泽和非金属光泽三大类。金属光泽反光极强，如同平滑表面所呈现的光泽。非金属光泽包括金刚光泽、玻璃光泽、油脂光泽、树脂光泽、蜡状光泽和丝质光泽等。光泽会因硬度的不同而有强弱之分，硬度高的会发出强闪光，硬度低的则发出弱闪光。

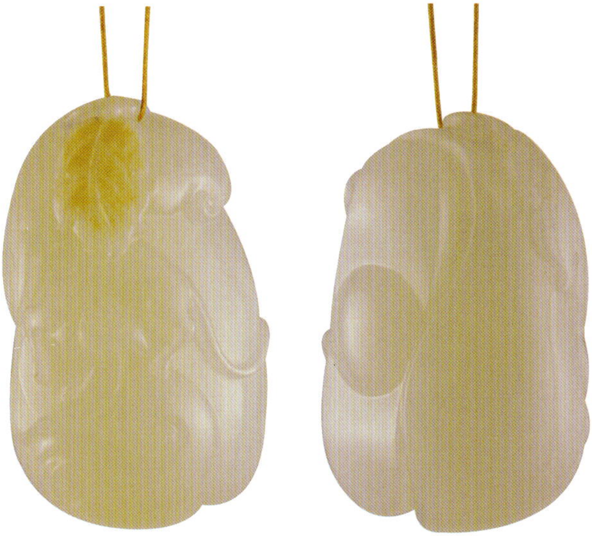

子承大业挂坠

种类：和田玉

规格：33.4g

市场参考价：2.6 万～ 3.5 万元

和田玉的光泽给人以温润的感觉，就像羊脂玉看上去会有一种很强的油脂性。因和田玉犹如羊的脂肪，古人就称和田玉为羊脂玉。一般情况下，和田玉的质地纯，光泽就好；和田玉的质地差，光泽就弱。

5．透明度

和田玉的透明度是指可见光透过和田玉的程度。根据透光程度，和田玉的透明度大致分为 3 级：透明、半透明和不透明。和田玉的透明度与它本身的分子结构、颗粒大小及所含杂质有关，与它本身对光的吸收强弱有关。透明度高称“水足”“水头好”，透明度差称“水差”“缺水”，不透明称“木”。形容透明度的词有通、放、透、莹等，莹的水最足，不透就是木。和田羊脂玉的透明度适中，就是我们所说的微透明。业内人士对玉石的透明度相当看重，因为透明度是检验玉石质量的重要指标之一。透明度对和田玉的雕琢加工起到了

童子鸿运当头挂坠

种类：和田玉

规格：13g

市场参考价：2.38 万元

非常重要的作用，透明度好，则说明玉的成分多，石头的成分少。对于透明度好的玉石，就不必在去除杂质上大费周折了。透明度好的和田玉，能充分展现其玉石质地的细腻和颜色的美丽。不过，这里说的透明度并非越透明越好，因为和田玉的质地不一样，一些颜色较深的和田玉的透明度就会稍微差些，如墨玉的透明度相对羊脂玉来说就明显差很多。通常来说，颜色浅的和田玉透明度会稍微高一些。上等和田玉都是半透明或不透明的，玉中呈现的是羊脂一样的浑浊状。

幽兰挂牌

种类：和田玉

规格：3.8g

市场参考价：9800 元

原籽瑞兽挂坠

种类：和田玉

规格：34.3g

市场参考价：6.8 万元

玉雕常见吉祥图案寓意

◎富贵平安：画面由花瓶插牡丹、盘中盛苹果构成，寓意富有与安康。

◎富贵有余：图中牡丹表示富贵，鱼表示有余、吉祥之意。

◎满堂富贵：海棠花与牡丹共存，海棠表示满堂，牡丹表示富贵，表示全家富有荣华。

◎荣华富贵：画面中芙蓉花与牡丹花共存，“蓉花”与“荣华”谐音，牡丹表示富贵。以此称颂别人富有、位尊。

◎神仙富贵：画面由水仙花和牡丹花构成，水仙表示神仙，牡丹表示富贵，寓意长寿、富贵。

6．块度与重量

工艺鉴定和田玉时，块度也是一个重要的标准，色泽与质地相同的和田玉，块度越大，品级就越高，价格也就越昂贵。

一般来说，块度大的和田玉非常稀有，重量大于100千克的白玉，在历史上也是屈指可数的，这样的白玉历史上一般会作为珍宝进献朝廷。

黄沁生生有福挂坠

种类：和田玉

规格：4.7g

市场参考价：6800元

博古挂坠

种类：和田玉

规格：11g

市场参考价：3.6万元

和田玉在现代工艺等级标准中，重量是按不同品种分等级的一个重要参照指标。如白玉籽料，重量达 6 千克以上的被划分为特级品，重量在 1 千克以上的被划分为二级品，白玉和青白玉山料重达 10 千克以上的被划分为特级品。

7．解理与裂纹

人们在鉴赏与收藏和田玉器时，会发现一些玉石的表面存在看似裂纹的纹理。出现的这种纹理，是称作解理还是裂纹呢？这可以从它们的定义和特征进行区别。

人们通常在收藏玉时，发现玉表面有许多裂开的纹理，专业术语将玉某个容易裂开纹理的平面称为解理面。由于受晶体异向性的影响，玉存有不均匀的裂纹，这对玉器琢磨加工产生了相当大的难度。但解理面不是破碎面，发生破裂时没有一定的方向和规律，而有解理的则沿着一个或几个方向有规律地裂开，裂面也显得平整光滑。当玉有解理时，用放大镜观察会发现玉断口有明显的解理面，解理面上有晶粒顺着解理破碎的情况存在。

仿古龙凤牌

种类：和田玉

规格：31.6g

市场参考价：2.8 万元

指日高升挂坠

种类：和田玉

规格：29.9g

市场参考价：1.8 万 ~ 2.2 万元

在和田玉中，自然的裂纹不同于解理纹，它没有固定的形状、方向和规律。自然裂纹是和田玉受到大自然的冲击，因气温冷热的天气变化和内在压力的变化而自然形成的，其中可能还与其他成因有关联。

一般情况下，和田玉裂纹的出现，脆性玉较多，有的大，有的小。和田玉裂纹的表现是多种多样的，有断裂纹、破碎纹、龟背纹、炸心纹、包裹纹、炸惊纹等。

（1）断裂纹：受力形成，裂纹长而深，仅出现在局部部位，容易观察清楚。

（2）破碎纹：受力形成，裂纹多而杂乱，长短、深浅、走向没有一定的规律，容易观察清楚。

（3）龟背纹：受冷热变化而形成，裂纹就像乌龟背上的花纹一样，出现在表面位置上，容易观察清楚。

秋梨皮富贵百财把件

种类：和田玉

规格：71g

市场参考价：2.18 万元

生肖牛挂坠

种类：和田玉

规格：18g

市场参考价：1.08 万元

（4）包裹纹：在玉沉积过程中，凝固层没有粘牢而形成。经常是内有一个核，核外包着若干层皮。

（5）炸心纹：受冷热变化而形成，裂纹从内向外如蒜瓣一样作散状，很难从外表观察清楚。

（6）炸惊纹：系玉内应力表现而形成，这种裂纹在开始时一般不易被发现，但当条件变化后，如遇干或湿度的变化时，它就会表现出来。

人们收购玉料，希望没有裂纹，但实际上没有裂纹的很少。因此，玉料打磨加工就要处理好这一难题，使其缺点转变为特点，业内称裂纹为“绺”，把微弱的裂纹称为“纹线”“水线”，把裂纹的处理方法称为“除绺”“躲绺”“遮绺”。

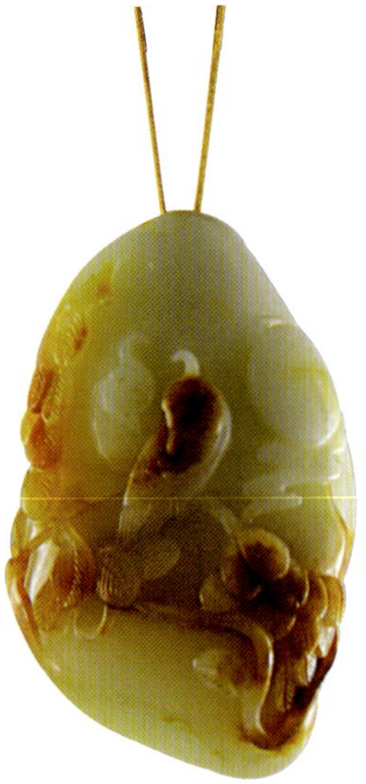

双宿双栖挂坠

种类：和田玉

规格：15g

市场参考价：6800 ~ 8000 元

观音挂坠

种类：和田玉

规格：14.2g

市场参考价：1.5 万元

8．杂质

新疆玉矿丰富，但是质地特别纯的玉石现在已经不多见了，绝大多数的玉石都掺有杂质。和田玉的杂质又称天然内含物或包裹体，是一种内部特征，以铁质和石墨为多。在实际情况中，一些杂质多的玉石，因为具有观赏性，有很大的艺术价值，往往也不失为一件上品。还有些有杂质的玉石更是因为独特的形象而被视为珍品。这要根据不同的艺术表现形式来确定其品级。

双鼠挂坠

种类：和田玉

规格：12.7g

市场参考价：2.2 万元

双鱼挂坠

种类：和田玉

规格：11.4g

市场参考价：4.8 万～ 5 万元

业内人士一般认为：杂质或包裹体小于总体8%的，称“小花”；杂质或包裹体大于总体8%、小于30%的，称“中花”；杂质或包裹体大于总体30%、小于50%的，称“大花”。“花”越大，则玉的“石性”越大。通常来说，上等的和田美玉应该无瑕，不过在现实生活中，无瑕的和田玉着实不多。一般首饰对玉的要求要高于一般的玉器，大玉件要高于小玉件。总之，对玉的选购和处理加工，都要经过反复推敲。

一品清廉挂坠

种类：和田玉

规格：15g

市场参考价：2.88万元

玉雕常见吉祥图案寓意

◎一路荣华：一只鹭鸶、一叶芦苇与芙蓉共同构成画面，寓意生活之路荣华富贵。

◎功名富贵：图中公鸡鸣啼表示功名之意，牡丹表示富贵，寓意升官发财。

◎玉堂富贵：玉堂是翰林院的雅称。图案由玉兰花、海棠花和牡丹花组成。玉兰和海棠表示玉堂，牡丹表示富贵，意指家庭富有、官高位尊。

◎正午牡丹：画面有一只猫和牡丹，猫眼睛在正午时分变成一条垂线，恰如时钟指针指向12点，正午也是牡丹花盛开之时，牡丹表示富贵，寓意富贵运气正好达到顶峰。

和田玉的优劣鉴别

中国有“玉石之国”之称，和田玉种类甚多，绚丽多姿，其中和田白玉，特别是和田羊脂白玉的珍贵世人公认。和田白玉具有色白、温润、细腻、坚韧、皮俏5个主要特征，这5个方面是相互联系、相互作用的，把握好这些重要因素，也就基本掌握了衡量和田白玉优劣的标准。其优劣的鉴别，可以从种、色、透明度、绺裂、杂质、玉质分布的均匀性等方面分别进行。

1. 种

就玉料的一般规律而言，从玉料的品种上看，籽料品质最优，山流水略低于籽玉，山料品质又低于山流水，但还要结合其他因素。

带子上朝挂坠

种类：和田玉

规格：47g

市场参考价：2.8万元

2. 色

和田玉以白、青、黄、墨、碧为主流颜色，其中以白色为最优，白色玉中以羊脂玉为优中之最。糖色和黑色是杂色，但不是脏色。

3. 透明度

玉石的透明度通常分为透明、半透明、微透明和不透明4种。其中和田玉和独山玉属于微透明，是中国古代玉器的主要用料。

原籽玉兔挂坠

种类：和田玉

规格：11g

市场参考价：3 万元

原籽一路连科挂坠

种类：和田玉

规格：9.8g

市场参考价：3 万元

透明度是衡量玉石品质好坏的重要依据。透明度好，可以将质料的细腻、色彩的美丽衬托得更加吸引人，因而在玉器评定中占有重要地位，同时也是玉器鉴定的主要依据。每一种玉石透明度的变化都在一定的范围内，超出变化的范围是不可能的。在此范围内，有一个最佳透明度标准，不透明固然不好，太透明也不见得就一定好。

4．绺裂

玉的绺裂一般可分为死绺裂和活绺裂两大类：

（1）死绺裂：是明显的绺裂，它包括碰头绺、抱洼绺、胎绺和碎绺。碰头绺是指在堵头和软面呈现出的绺；抱洼绺是指常在软面出现，边缘部分浅，中间深的绺；胎绺又名窝心绺，是在玉的内部出现的绺；碎绺是指玉石各种可见的绺裂。

（2）活绺裂：是细小的绺裂，它包括指甲缝、火伤性、细牛毛性和星散鳞片性。

巧雕原籽罗汉

种类：和田玉

规格：28g

市场参考价：3 万元

连年有余挂坠（扁鱼）

种类：和田玉

规格：8.2g

市场参考价：8000 ~ 1 万元

指甲缝是指指甲抠出来的形状绺，呈月牙形，点迹，分布于表面上，侵入内部者不多；火伤性是指表皮甚至内部均呈现出鱼鳞状绺；细牛毛性和星散鳞片性是指玉石多呈方向一致的细微解理状，隐约可见。对于明显的绺裂如同对瑕疵一样，尽量去掉，死绺好去，活绺难除。

5．杂质

玉的杂质主要是指石，除此之外还表现在质地不均匀等方面。石有死石和活石的区别。死石表现在局部或呈带状，活石是指玉上面界限不清的散点。

6．玉质

在一块玉中，往往有的地方质地好，有的地方质地差，这种现象被称为玉有阴阳面。玉的阴阳面实际上是玉在形成过程中围岩对它的影响。阳面是指玉质好的一端，也叫堵头、顶面；阴面是指玉质次的一端，属于接触围岩的部分，多有串石。阴阳面在山料和山流水中表现明显，籽料则不太突出。

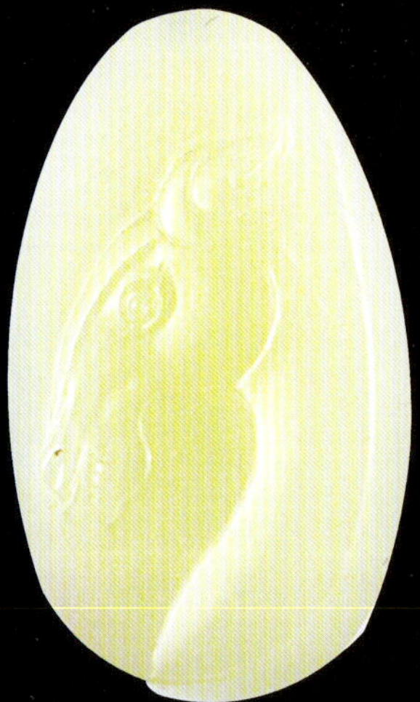

生肖马牌

种类：和田玉

规格：11g

市场参考价：1.38 万元

双狗生肖牌

种类：和田玉

规格：26.8g

市场参考价：4.38 万元

一夜成名

种类：冰飘花翡翠

规格：高 5cm，宽 3cm

市场参考价：6000 元

硬玉之冠——翡翠

翡翠色彩艳丽、光泽诱人、整体通透、温润光洁，被人们尊称为“玉石之王”。在东方国家，人们还把它与钻石、红宝石、祖母绿一起列为“四大名宝”，且翡翠位居首位。翡翠虽不是中国所产，但自从它传入中国以来，就受到了中国人的热烈欢迎，也可以说是我国著名的传统玉石之一。

翡翠的种水分类

1．玻璃种

顾名思义，玻璃种翡翠即纯净得就像玻璃一样的翡翠，内含一点杂质都能暴露无遗，是翡翠中的极品。玻璃种透明度极高，澄澈透明，具玻璃光泽，纯净无瑕，结构细腻，在 10 倍镜下无矿物颗粒感，韧性好，硬度高，像玻璃一样均匀。玻璃种翡翠既有无色的，也有带颜色的，其与单晶体宝石类似，极少见石纹，即使出现杂质也是棉絮渣状的。用肉眼可以直接观察到玻璃种翡翠的荧光现象，业内人士称其为“起荧”。玻璃种是十分水的翡翠。

观音手

种类：玻璃种翡翠

规格：高 3cm，宽 1cm

市场参考价：1 万元

18K 金配钻石翡翠戒指

种类：玻璃种翡翠

规格：不详

市场参考价：6.5 万元

2．冰种

冰种翡翠的透明度也很高，只是略逊于玻璃种翡翠，含有的杂质也比玻璃种稍多。业内用高冰种来称呼冰种翡翠中品相最佳、最通透的翡翠，意思是指冰种中的佼佼者，但又未能达到玻璃种的程度。在市场上经常出现高冰种，其实在专业上高冰种很难定义。

手镯

种类：冰种翡翠

规格：60g

市场参考价：3.8 万元

玉雕常见吉祥图案寓意

◎喜到眼前：蜘蛛也叫喜蛛，常用来表示有喜。在人的前方挂一只蜘蛛，称喜到眼前，意指喜事马上就要到了。喜鹊也称阳鸟、乾鸟，是吉祥鸟，俗称报喜鸟，人们说“喜鹊叫，喜事到”。在一只喜鹊嘴上衔一枚古铜钱，铜钱中有四方钱眼，也表示喜事即将到来之意。

◎喜报三元：“三元”是指古人科举时，在乡试、会试和殿试中考得第一名，即解元、会元和状元的合称，也有人称殿试时的前三名，即状元、榜眼、探花为“三元”。常用喜鹊站立在长有3个果实的橘子树上表示，用以表示祝贺考试名列前茅。

◎报喜图：报知欢喜之事。画面由一只金钱豹和一只喜鹊构成，“豹”与“报”谐音，喜鹊表示欢喜之意。

福瓜

种类：冰种翡翠

规格：4.5cm×2cm

市场参考价：1.5万元

冰种翡翠给人冰一样的感觉，看上去很清凉，带有一种朦胧的、清凉的美感。虽然冰种翡翠的珍贵程度比玻璃种翡翠稍差，但从实际看来，天然的冰种翡翠也是很难得的。人们赞赏冰种翡翠饰品洗尽浮华，内敛沉静。冰种翡翠是中高档玉石，在市场上也是广受欢迎的。

3．糯化种

糯化种的透明度比前面两种都要低，它的质地看起来就像浑浊的糯米汤，是半透明的，故得此名。根据透明度的差异，糯化种又可细分为糯冰种和糯

18K 铂金配钻石平安扣

种类：糯冰翡翠

规格：5.9g

市场参考价：6.8 万元

米种。糯冰种的透明度低于冰种，看起来就如同含有杂质的冰一样，也有学者认为其应属于冰种。相对于糯冰种来说，糯米种的透明度还要更低一些，这是由于糯米种内部含有的细小杂质比较多，因此其看起来偏浑浊。

玻璃种、冰种与糯化种的界限并不是很明显，这里介绍一个简单明了的方法来区分三者。将厚度较薄的翡翠放在一份报纸上，透过翡翠来辨认报纸上的字。玻璃种是能够清楚地分辨出字的，只能看清轮廓但认不出是什么字的是冰种，只能看到有字，但看不出字的轮廓的是糯化种。

阳绿戒指

种类：糯冰种翡翠

规格：不详

市场参考价：2.8 万元

糯种翡翠福寿如意

玻璃种、冰种和糯化种的翡翠的相同点是水头都比较足，因此在雕刻时一般采用最简单的浅浮雕技法，尽量少做雕琢，简化图案，多留光面，这样才能更好地显示其充足的水头。

4．油青种

油青种是翡翠中的大路货，通常不过分要求其质地，主要看它的颜色。油青种的颜色常带有灰色调，主要有油青色、蛋青色、蓝青色等，有时会有带有黄色调的绿色，其青色深浅不一。油青种翡翠的颜色发暗，显得沉闷，不鲜艳。油青种翡翠的光泽显得很油亮，质地细腻，硬玉结晶呈微细柱状纤维集合体，敲击玉体，声音比较清脆，整体比较通透。油青种可分为两类，一种是带暗蓝色调的，另一种是带蓝绿色调的。两种水头都比较好。

5．芙蓉种

芙蓉种翡翠的颜色一般是淡绿色的，其绿色很纯正，不带其他色调，通体颜色均匀，看起来感觉清澈而柔和。芙蓉种的质地比较细，结构略有颗粒感，却又不能明显观察到，呈透明至半透明。芙蓉种虽不是顶级的翡翠，但也能和冰种相媲美，颜色虽淡却清澈，价位也比较适中，能被大多数人接受，因此还是很有市场的。其有一种情况叫作“芙蓉起青根”，说的是玉料中可见深绿色的脉络；还有一种叫“花青芙蓉种”，说的是有较深的绿色不规则分布的芙蓉种。

油青种翡翠璃龙如意手把件

芙蓉种翡翠吊坠

18K 铂金镶钻紫罗兰翡翠吊坠

颜色较浅的芙蓉种特别适合制成手镯，成品绺裂和杂质较少，颜色清爽，质地细腻，通透澄澈，虽然没有哪一项指标达到了顶级，但组合在一起却达到了很好的效果，非常适合中、青年女士佩戴。当然，芙蓉种翡翠也常用来雕刻成佩饰、坠饰等，其雕刻也要简化雕工，多保留大光面，这样才能充分体现其种水与颜色和谐搭配的美观效果。芙蓉种翡翠属中、高档翡翠。

6．紫罗兰种

紫罗兰种指的是一种紫色翡翠，因其紫色像紫罗兰花的颜色而得名，珠宝界也称紫罗兰色为椿色或春色。紫色的翡翠颜色一般较浅，其可分为 3 种色调，即紫色中微带粉色的粉紫、如茄子般颜色的茄紫和紫色中带蓝的蓝紫。紫罗兰种为粒状结构，质地偏粗，细粒者少见。粉紫的质地是最细的，较为通透，茄紫次之，蓝紫再次之。紫罗兰种的翡翠质地不是很好，少有能做戒面的，用于大型雕件及小挂件的情况较多。其中紫色浓艳、质地温润、整体通透的紫罗兰种价格也比较高。紫罗兰翡翠分高、中、低不同的档次，若要评估其价值，还须结合质地、透明度、雕琢水平等质量指标进行综合评价。

7．白地青种

白地青种翡翠花蝶佩

顾名思义，白地青种的翡翠的底为白色，上面飘浮着如云雾般的绿色，成团、成块、成片或成岛屿状的绿色，并没有和底融合在一起，仅仅是飘浮在白色的底上。白地青种质地细腻但不温润，晶体轮廓通过肉眼能够辨认；透明度较低，部分微透明。

玉雕师们常利用白地青种的翡翠上面的各种形状的绿色进行创作，制成各种带有吉祥美好寓意的小型的摆

豆种翡翠平安扣

紫罗兰种翡翠福禄双全挂件

件，将俏色充分发挥。白地青种质地不是很好，颜色也缺乏厚重的立体感，因此不适合用来精雕细刻。其价格不会太高，家庭摆放或办公室陈列用到的较多，收藏价值不是很大。

8．豆种

豆种透明度很低，透度只入表面二分，质地粗糙，水头不足，是一分水的翡翠。凭肉眼就能分辨柱状晶体，杂质较多，常见棉柳等。豆种在强光下照射一段时间易起小白花，叩击玉体可发出石声。颜色主要为豆绿或豆青色，在市面上很常见，常被加工成佩饰、雕件等，属低、中档翡翠。

9．花青种

花青种翡翠底色为绿色或无色，上面分布着绿色深浅不一的、极不规则的图案，有丝、脉、团块状及不规则状。花青种翡翠最大的特点是，底上的绿色分布极不规则。花青种不透明至微透明，质地较粗糙，凭肉眼可轻松辨认柱状、粒状的矿物晶粒的形状，敲击翠体听到的声音很沉闷。

干青种祥龙如意牌

这种翡翠的颜色可深可浅，图案时密时疏，分布特别没有规律，所以花青种的数量非常大。花青种还可以进一步被细分为以下品种：①豆花青种：底为豆色，结构粗糙；②普通花青种：绿色不规则或飘花；③马牙花青种：马牙种为底；④油底花青种：油青种为底，飘有绿色。花青种的翡翠由于质地不好，透明度也很低，因此不适合做手镯，针对其颜色分布，常将其加工成佩饰、坠饰和雕件。花青种翡翠属于中档翡翠，价值较低。

翡翠的特性

（1）化学成分：其主要矿物成分为硅酸铝钠，常含钽、铬、铁、钴等化学元素。

（2）晶系：其主要矿物成分为单斜晶系。

（3）结晶习惯：粒状到纤维状集合体，致密块状，其原生矿床为块状体，俗称山料；其次生矿床包括两种，一是经短途搬运而形成的堆积物，这种翡翠通常是巨粒砾，俗称山流水；另一种是经长途搬运而在河床中堆积形成的卵石，俗称籽料。

18K 铂金配钻石戒指

种类：高冰翡翠

规格：9.7g

市场参考价：8.8 万元

18K 铂金配钻石戒指

种类：高冰翡翠

规格：7.7g

市场参考价：15.3 万元

（4）结构：经薄片鉴定，硬玉的结构有①粒状纤维交织结构，表现为组成玉石的矿物颗粒较粗，边界平直，没有遭受明显的动力变质和蚀变作用；②纤维交织结构，表现为矿物颗粒通常亚颗粒化，并普遍发生晶界活动、波状消光和动态重结晶等现象；③交织结构，是长柱状和纤维状的角闪石、阳起石、透闪石等交代硬玉而形成的纤维粒状变晶结构类型。

（5）颜色：典型的有绿、红、蓝、紫、白、黄、青、黑色。

（6）透明度：透明、半透明、不透明。

（7）光泽：玻璃－油脂光泽。

（8）硬度：6.5～7，略有方向性差异。

（9）韧性：很强，在玉石中仅次于软玉，因而不易破损。

（10）解理：由于是矿物集合体，整体不见解理面。但作为硬玉矿物，其具有两组比较发育的解理面。光从这些解理面上放射可形成片状的丝绢状的闪光效应，内行人俗称“翠性”。

（11）折射率：硬玉矿物为1.660～1.680，但由于是集合体，很少能见到两个读数，一般仅在折射仪的1.66附近见到模糊的阴影边界。

吊坠

种类：翡翠

规格：22.12g

市场参考价：21万元

玉雕常见吉祥图案寓意

◎欢天喜地：画面上有一只獾昂头向天看喜鹊，喜鹊在天上向地看獾，獾望天，喜鹊看地，故曰欢天喜地，表示喜悦心情。

◎双喜临门：图案多以两只喜鹊飞临家门构成，寓意两件喜事同时到来。

◎四喜人：横竖都成喜笑颜开的四个童子称“四喜人”。也有人认为享有福气、高官、长寿和好运之人称为“四喜人”。

◎喜报双安：画面以两只喜鹊和两只鹌鹑表示，寓意报知父母双亲安康。

◎喜从天降：一只蜘蛛从悬挂在天上的蜘蛛网上降下，象征意想不到的喜事由天而降。

◎喜得连科：喜鹊站立在莲蓬上，啄食颗颗莲子，借谐音表示考试连连取得佳绩。

四季平安豆

种类：冰种翡翠

规格：高 3cm

市场参考价：9000 元

（12）比重：3.34。

（13）致色原因及吸收光谱：翡翠常在 437 纳米处有一吸收线。由铬致色的绿色翡翠还有典型的铬吸收光谱，在红区有 690 纳米、660 纳米和 630 纳米 3 条线。

（14）发光性：在紫外光下，翡翠的荧光一般为无色到极弱白色，少数可见绿色或黄色荧光。

笑佛吊坠

种类：高冰翡翠

规格：19.1g

市场参考价：8 万元

江南水乡牌

种类：高冰翡翠

规格：高 5cm，宽 3.5cm

市场参考价：4.6 万元

翡翠的优劣辨别

从古至今，翡翠作为一种常见的玉器深受我国收藏爱好者的喜爱。拥有一件品相优良的翡翠饰品，可以彰显佩戴者华贵的气质；收藏一件质量上乘的翡翠不但能升值，还能陶冶情操。那么我们如何来品评翡翠的优劣呢？

观音吊坠

种类：高冰翡翠

规格：25.4g

市场参考价：5.8 万元

弥勒佛

种类：高冰翡翠

规格：高 4.5cm，宽 4cm

市场参考价：30 万元

1．颜色

可以从以下几方面来观察翡翠的颜色。

（1）纯正：按照传统习惯及市场需求，质量上乘的翡翠（绿色品种）应具有纯正的绿色，也可以是微带黄色色调的绿色。我们一般视灰色、褐色、棕色、黑色、蓝色等色调为杂色，这些杂色调越明显，翡翠的价值就越低。

弥勒佛吊坠

种类：高冰翡翠

规格：19.7g

市场参考价：11 万元

节节高升

种类：翡翠

规格：高 6cm，宽 3.5cm

市场参考价：1.8 万元

（2）浓艳：高档翡翠应该具有浓艳的颜色，这要求其颜色饱和度和明亮程度要合理搭配。若绿色太淡，虽看起来明亮但不艳丽；绿色太浓，又会使翡翠不够通透，看起来很沉重。

（3）均匀、协调：天然翡翠的颜色多呈丝状、片状分布，很少见到完全均匀的。通常情况下，如果某块翡翠工艺品的颜色为满绿，那就是难得的上品了。而且，翡翠的绿色多集中在丝状、片状的集合体中，绿色周围常为浅色、无色或其他颜色，当翡翠中的绿色与其周围的基调颜色能恰到好处地相互映衬时，这样的翡翠也属于颜色质量特别好的。

2．结构

高档翡翠的结构大多是极细的粒状或柱粒状结构，这种结构的翡翠结构致密、细腻、光润；反之，则质地粗糙、结构松散、质量较差。

一生福禄吊坠

种类：高冰翡翠

规格：14.5g

市场参考价：5.8 万元

蝴蝶

种类：高冰翡翠

规格：不详

市场参考价：11.5 万元

3．透明度

翡翠是多晶质矿物集合体，大多不具有很高的透明度，传统玉器行业将透明度称为“水”“水头”。大部分翡翠都是不透明至半透明的，这是由翡翠的矿物粒度大小、结合方式、裂纹等多方面的因素造成的。当一块翡翠制品颜色质量好且有一定的透明度时，该翡翠的价值就比较大。

莲花观音

种类：高冰翡翠

规格：41.4g

市场参考价：5.5 万元

观音吊坠

种类：冰种翡翠

规格：28.75g

市场参考价：5.5 万元

4．净度

翡翠内部包含的其他矿物包裹体和裂纹的多少是净度。天然翡翠中会有白色、黑色团块状矿物或矿物集合体，它们多少会影响翡翠的美观度，而且也会对抛光质量产生较大影响，因为这些包裹体的硬度与翡翠有差异。

5．切工

翡翠的切工主要应用到首饰（戒面、耳钉等）、挂件、摆件等几种类型的成品上，对于戒面、耳钉等的切工，要求切工规整、抛光优良、突出颜色；而对于挂件、摆件来说，工匠们的奇思妙想和精湛的技艺将对成品的质量起决定性的作用。

18K 铂金镶钻手链

种类：翡翠

规格：12.3g

市场参考价：2.68 万元

玉雕常见吉祥图案寓意

◎喜相逢：两个童子相遇，谈笑风生，意指彼此相见欣喜不已。

◎喜鹊登梅：一只喜鹊站在梅枝上，“梅”与“眉”谐音，意指高兴的事挂在眉间了。

◎喜上眉梢：喜鹊站在梅梢上，借谐音表示面孔上洋溢着喜悦之情。

◎燕喜同春：燕古称玄鸟，为吉祥鸟，“天命玄鸟，降而生商”，传说商的祖先是其母简狄吞食燕卵而生。燕也称春燕，象征春天。喜鹊也是报春鸟。燕子、喜鹊同春表示同享春天欢乐，是祝贺之词。

6．重量

重量对翡翠制品的价值影响不是决定性的，但是在颜色、质地、透明度等方面都相同或相近的情况下，尺寸大的也就是重量大的制品更具有价值。

观音

种类：翡翠

规格：高 6cm，宽 3cm

市场参考价：1.2 万元

18K 铂金配钻石戒指

种类：翡翠

规格：9g

市场参考价：3.8 万元

湖水绿佛公

种类：冰种翡翠

规格：大 3.5cm × 3cm，小 2.8cm × 2.5cm

市场参考价：4 万元

瑞兽吊坠

种类：翡翠

规格：9.66g

市场参考价：6.3 万元

宋美龄的翡翠之缘

古往今来，多少女人将翡翠作为梦寐以求的珍宝。宋美龄就和翡翠结下了不解之缘。宋美龄一生收藏了各式各样的翡翠，其中她经常佩戴的翡翠麻花手镯是名气最大的。20 世纪 30 年代中期，北京的翡翠大王铁宝定买到一块成色极好的翡翠料。玉料上稍有一点杂质，后玉料被雕琢成一对麻花手镯，不仅款式新颖，还很好地掩盖了瑕疵，而且这对手镯的绿色浓艳，其价值不菲。上海青帮头子杜月笙以 4 万元价格买给其夫人佩戴。杜夫人佩戴的翡翠手镯很快吸引了宋美龄的目光，她一见倾心，爱不释手，杜夫人只好割爱送给她。宋美龄出席各种重要场合经常佩戴翡翠。1997 年，宋美龄在 100 岁生日宴会上，梳着传统发髻，身着黑色旗袍，在众多宾客和媒体面前显得十分端庄。只见她周身都佩戴着翡翠首饰：耳朵上是一副翡翠耳钉，颈项上佩戴着翡翠珠链，手上佩戴着翡翠手镯、翡翠戒指。整套翡翠首饰色质俱佳，乃翡翠中的极品，这一整套翡翠将这位百岁老人装扮得雍容华贵、仪态大方、气质高雅。直到 2003 年去世，宋美龄漫长的岁月中始终有翡翠的陪伴。

千年老玉——水晶

水晶是一种天然的玉石，因其坚硬、纯净、透明的品质而受到各国人民的喜爱，被视为纯洁善良、冰清玉洁、坚强不屈的象征。传说古罗马人在阿尔卑斯山最早得到水晶的时候，非常惊奇，认为它是由冰变来的。中国古人也认为水晶是“千年老玉”，因此把水晶叫作“水精”“水玉”“玉晶”“菩萨石”“千年冰”等。水晶是天然宝石，水晶的矿物成分是石英，化学成分是二氧化硅，莫氏硬度为 7，密度为 2.66 克 / 立方厘米，具有特殊的压电性和光学性。它是石英族矿物里面透明的结晶体，如果是结晶但不透明的只能称为石英晶体。水晶晶面有玻璃光泽，贝壳状断口面显示油脂光泽。

福寿如意把件

种类：金顺发水晶

规格：4.5cm×2.8cm×7.6cm

市场参考价：1.9 万元

水晶的种类

1．无色水晶

无色水晶是纯净的二氧化硅晶体，它无色透明，也有稍带浅灰或者浅褐色调的。正常情况下无色水晶以单个柱状晶体或晶簇产出，晶柱从几厘米到几米都有。其中没有明显的裂纹、包裹体等瑕疵者为上品。当水晶内部未填充液体时，是一个空穴，和水晶界限分明；当被气液充满时，就形成了气液包裹体。

无色水晶的固体包裹物通常有针铁矿、金红石、电气石、黄铁矿等，这些矿物包裹体增加了水晶的魅力。有的无色水晶因为本身有大量的微小缝隙，这些缝隙对光的干涉形成美丽的彩晕，就成为彩虹水晶。正常情况下，无色水晶的晶体越干净越好，可是特别干净的水晶几乎不存在，内部或多或少都有一些包裹体，有些水晶内部的包裹体不但不影响透明度，而且还很美观，得到了意想不到的效果。

灵蟾摆件

种类：白水晶

规格：20.6cm × 9.5cm × 10cm

市场参考价：3.6 万 ~ 4.8 万元

景观吊坠

种类：净体白水晶

规格：3.2cm × 1.7cm × 4.3cm

市场参考价：1880 元

无色透明水晶只用于雕琢工艺品，最著名的是水晶圆球。世界上最大而又透明无瑕的水晶球直径达 21 厘米，重约十几千克，现藏于美国华盛顿史密森博物馆。

无色透明水晶中有透明度很高的，也常用来制作项链。无色透明水晶有工业用途，是制造眼镜片、水晶振荡器的原料。

2．紫晶

紫晶是一种紫色的水晶，颜色从浅紫色到红紫色。多色性从弱到强，与颜色的色调和浓度有关，有时候带有一定程度的褐色、红色和蓝色调，晶体的最尖端的颜色最深。

福禄兴隆

种类：白水晶

规格：17cm × 7cm × 24cm

市场参考价：3.6 万元

富甲天下

种类：紫水晶

规格：3.3cm × 0.8cm × 4.9cm

市场参考价：2300 ～ 2800 元

玉雕常见吉祥图案寓意

◎百福图：用100个古今不同字体的福字构成一个大福字，表示福气和吉祥。

◎多福多寿：传统习俗常用蝙蝠来寓意福，表示多福多寿的图案以蝙蝠和桃，以及表示多的字构成，常常还有福、寿的字体出现，蝙蝠代表福，桃代表寿，寓意福气多而长寿。

◎福禄寿：画面常采用蝙蝠表示福，鹿表示禄，桃表示寿。翡翠由红、绿、紫三色构成也称为福禄寿。

◎福如东海：东海之水，浩瀚无边，天空中蝙蝠飞舞，寓意福气像东海的海水一样多，是祝颂之词。

◎福寿绵长：蝙蝠与寿字用盘长连接，表示福气常伴随，健康又长寿，主要用于对老人的祝福。

紫晶的颜色分布通常并不均匀，经常出现色带。色带一般平行分布，有时候在一定的角度相交；也有的会有色块，多是不规则的几何形状，少数是不规则的团块状和絮状。在加热或者阳光暴晒下会褪色。巴西产的紫晶颜色较深，具有很高的品质；非洲等地产的紫晶带有蓝色调；中国河南等地产的紫晶颜色较浅，带有细微的褐色调，但是透明度很高。

艳紫葡萄把件

种类：紫水晶

规格：4.3cm × 3.2cm × 6.3cm

市场参考价：1.28 万元

百财摆件

种类：紫水晶

规格：14.5cm × 8.9cm × 29.8cm

市场参考价：5.88 万元

深紫色到红紫色的紫晶价值最高，因为人们偏爱深紫色的紫晶。有些紫晶形成后，因为地热的关系变成了黄水晶；而一些浅紫色的水晶也被加工成黄水晶。

紫晶具有和颜色深浅有关的多色性。浅色的紫晶多色性很弱，肉眼几乎看不到；深色的紫晶有红紫－紫色、蓝紫－紫色这样两种类型的多色性。

和无色水晶一样，紫晶中也有多种包裹体，有生长裂隙、矿物包裹体和气液两相包裹体等。有时候还可以见到“斑马纹”，“斑马纹”是紫晶中深色和浅色条纹交替的生长裂隙。假如紫晶中有白色云纹或者羽毛纹的包裹体，经常会产生彩虹折射现象。

紫晶相对无色水晶个体较小，多数是向内生长的晶洞（紫晶洞）。向外生长的晶簇就更少了，市面上较多的晶簇是白色水晶簇。

紫龙盘寿把件

种类：紫水晶

规格：4.2cm × 3.6cm × 9cm

市场参考价：1.6 万元

紫晶通常被制作成戒面和雕件。把优质的紫晶加工成刻面，镶嵌成首饰或者收藏，紫晶首饰高贵典雅，紫晶雕件庄重大方。稍次一点的紫晶磨成素面或者打磨成珠，镶嵌或者打孔制成项链等串珠。

最优质的紫晶是深紫色到紫红色的紫晶，当然价值也最高，多产自乌拉圭及西伯利亚，称为乌拉圭紫晶和西伯利亚紫晶，这里虽然是指产地，现在实际意味着质量而不限于产地了。紫水晶代表着高贵、典雅、华丽、幽静、高尚、庄重和权势。

3．黄晶

黄晶是石英的一个变种，和石英一样同属硅氧矿物。黄晶的颜色从黄色到浅褐色，极像黄玉。黄晶中的黄色是其中含有水合氧化铁的缘故。天然的黄晶比较稀少，人们常把紫晶和烟晶加热以使它改变颜色变成黄晶的模样，甚至假冒黄玉。

俏色锦上添花

种类：紫玫瑰晶

规格：19cm×5cm×24cm

市场参考价：3 万元

灵猴献寿

种类：黄水晶

规格：12cm×9cm×18cm

市场参考价：5.8 万元

黄晶有黄色、金黄色、橙黄色、棕黄色、淡黄色，色彩主要是由于晶体内含有铁或铬元素。黄晶中体质明莹、光洁无瑕者为上乘，橙黄更为人们所喜爱。紫水晶和烟晶经加热后将产生带红、黄和橘褐的色调，与黄晶极相似；无色透明水晶经X射线辐射，可变成美丽的黄色。黄晶色泽鲜艳明快，具有诱人的魅力，用它制作的黄晶眼镜耐磨，司机在阴雨天气或夜间佩戴，可提高物体的能见度，提高安全系数。由于天然黄晶数量极少，因此价格昂贵，其中橙黄色的稀世珍品被称为“财富之石”。

4．绿水晶

绿水晶的主要化学成分也是二氧化硅。因内含镁铁化合物而呈绿色，产量稀少，现市面上多为人造绿水晶，天然绿水晶极其罕见。市面上常见的像绿幽灵、绿发晶等品种，里面的包裹体是绿的，但水晶本身还是无色透明的。所以，市场上出现的大量绿色透明的水晶，颜色基本都是处理过的，而且多数本身就是合成水晶。

福禄寿把件

种类：黄发铜水晶

规格：4.3cm × 2.8cm × 10.6cm

市场参考价：9600 元

飞黄腾达吊坠

种类：润红兔毛水晶

规格：3.5cm × 1.6cm × 5cm

市场参考价：3880 元

连年鸿运

种类：红兔毛水晶

规格：3cm × 1.8cm × 3.8cm

市场参考价：1660 元

5．粉晶

粉晶是玫瑰色的水晶，又叫芙蓉石，还称为“玫瑰水晶”“蔷薇水晶”“祥南玉”。

因为水晶晶体含有微量元素锰和钛而形成粉色。粉晶透明或者半透明，因为颜色较浅，几乎没有多色性。粉晶呈玻璃光泽和油脂光泽，裂隙发育，裂隙内充满了褐铁矿和杂质。有的粉晶内含针状金红石包裹体，如果平行于包裹体方向把粉晶磨制成弧面形宝石，即可以显现星光效应，因为其他宝石几乎都是发射星光，而粉晶的半透明性却可以透射星光。

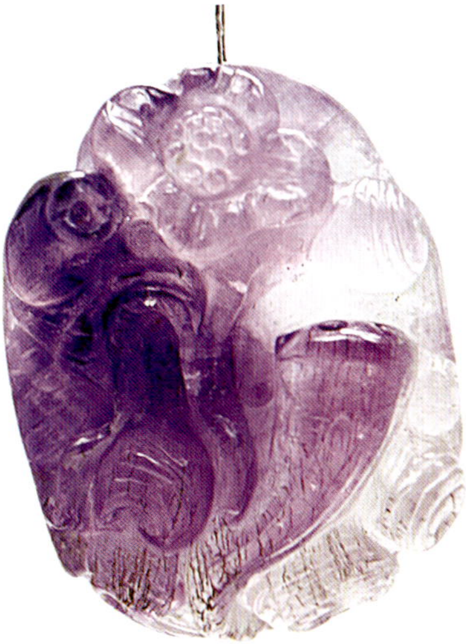

莲年有鱼

种类：紫玫瑰晶

规格：2.6cm × 1.8cm × 4cm

市场参考价：3280 元

粉晶在中国的产地有新疆、云南、内蒙古。巴西出产的粉晶质量最好。粉晶主要用来制作项链、鸡心坠和小型的摆件。粉晶颜色越深越好。桃红色越深价值越高，有星光效应的粉晶价值更高。

鼠来宝

种类：紫玫瑰晶

规格：3cm × 2cm × 4cm

市场参考价：2680 元

6．双色水晶

紫、绿、黄 3 种颜色中，拥有两种颜色的水晶，都可以称为双色水晶。市面上最常见的是紫黄水晶，这种水晶由紫色和黄色两种颜色构成，它们形成各自的色斑或色块，往往没有明显的界线，有时也形成明显的与菱面体生长区相关的色区。天然的紫黄水晶只产于玻利维亚，但这种颜色特征可用紫晶或合成紫晶经过加热处理来实现。处理的紫黄水晶与天然紫黄水晶尚无法加以区别。

双莲鱼把件

种类：三色兔毛水晶

规格：5.6cm × 3.6cm × 9.6cm

市场参考价：9800 元

7．烟晶

烟晶是水晶家族中很特别的成员之一。因水晶晶体具有清凉的作用，它能使眼睛避免阳光的强烈刺激，所以是制作眼镜最理想的材料，烟晶的颜色有褐色、黑色和烟黄色。中国把烟黄色、褐色水晶也称为茶晶，黑色水晶则称为墨晶。颜色均匀，没有杂质，很少有包含物的烟晶是最好的。烟晶的多色性有浅褐色 – 烟褐色、褐色 – 棕色。

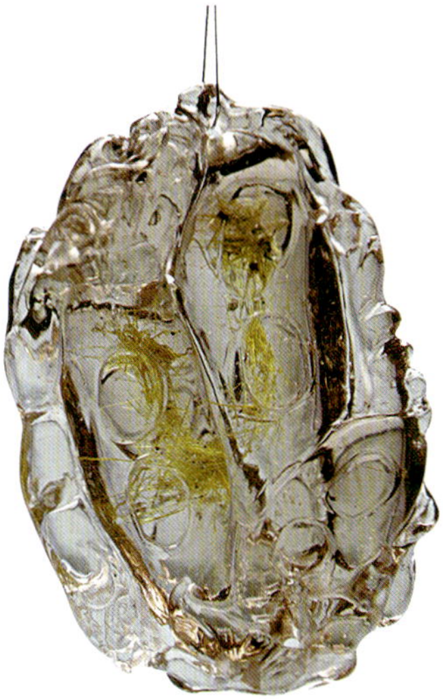

四季福寿小把件

种类：玻璃体茶晶发晶

规格：4.6cm × 1.8cm × 6.6cm

市场参考价：9800 元

烟晶的颜色为空穴色心形成，成分中含有微量的铝离子，经天然辐照作用形成。烟晶的颜色经加热会褪色，变成无色的水晶。同样，许多无色的水晶也可经辐照形成烟晶。烟晶的多色性为明显的褐色－红褐色。

丰收

种类：晶体淡茶晶

规格：13cm × 9cm × 22cm

市场参考价：5.8 万 ~ 6.5 万元

玉雕常见吉祥图案寓意

◎福寿如意：由蝙蝠、桃、灵芝构成主要画面，蝙蝠代表福，桃代表寿，灵芝代表如意，以此寓意幸福长寿、称心如意。

◎福寿双全：画面除有蝙蝠和桃外，还有4个铜钱，寓意双全，以此表示既有福气，又长寿。

◎福寿延年：蝙蝠、桃和仙鹤寓意福气多、长寿。

◎福星高照：古代称木星为岁星，又称福星。蝙蝠飞舞，星光闪烁表示福星高照，意指福运不断。

◎福缘善庆：老人带着童子，拿着蒲扇，童子拿着石磬玩耍，天空蝙蝠飞舞。"蝠"与"福"、"扇"与"善"、"磬"与"庆"谐音，表示福缘善庆，寓意善良、吉庆会带来福气。

烟晶的内含物与水晶相似，少有特别之处，有时见有细长的金红石针。

烟晶多产于花岗伟晶岩、花岗岩的晶洞和后期的热液矿脉中。烟晶产地也很多，比较知名的有瑞士、西班牙、马达加斯加、津巴布韦和美国等。我国的烟晶产地有内蒙古、甘肃、福建、浙江和新疆等地。烟晶多用来做雕件、眼镜片、章料和串珠状饰品。

莲年有鱼摆件

种类：淡茶水晶

规格：10.6cm×6.8cm×18.6cm

市场参考价：3.6 万元

8．发晶

在无色透明的水晶内部，因为包含了针状、丝状、纤维状、草束状、放射状或者发状排列的矿物，让人感觉水晶里面有发丝一样，所以叫发晶。这些矿物包裹体有金红石、黑色电气石、阳起石、角闪石、绿帘石、针铁石等。因为包含不同颜色的矿物，所以产生了不同颜色的发晶。发晶非常美观，是水晶中最珍贵的品种。比如，含有金红石的发晶形成钛晶、红发晶、黄发晶、银发晶，含有黑色电气石的发晶形成黑发晶，含有阳起石的发晶形成绿发晶。

在发晶的形成过程中，因为矿物形成方式和排列方式不同，还会产生叫作“兔毛”的细柔发晶。如红兔毛发晶、黄兔毛发晶等。

金福丰收把件

种类：金发晶

规格：4.3cm×3.2cm×7.2cm

市场参考价：1.28 万元

富甲天下把件

种类：红兔毛发晶

规格：5.5cm×3.6cm×9cm

市场参考价：7600 元

发晶中的极品是钛晶，晶体部分是白色或者茶色，内部的红色或黄色针状或发丝状矿物是金红石，金红石的化学成分是二氧化钛。钛晶一般被做成项坠用来保持它的完整性，它是水晶中价格最贵的宝石品种，非常适合青春洋溢、热情奔放的女孩子佩戴，更加衬托出其浪漫与活力。钛晶和金发晶比较相像，只是金发晶内含物呈丝状或细发状，钛晶呈粗针状或板状。

龟鹤呈祥

种类：红发晶

规格：3cm×0.8cm×6cm

市场参考价：3680 元

红发晶有透明和半透明两种，有浅红色到深红色各种颜色。红发晶比较稀少，一般制作成项链或者手串，晶体大的也可以做成雕件。有消息称，日本曾经发现过可以发出磷光的红发晶。

9．水胆水晶

内部含有较大液态包裹体的透明水晶叫作水胆水晶。晃动这些水胆水晶，就能看到液体的滚动。水胆水晶的形成是因为水晶晶体生长速度太快，晶体包裹了水溶液或岩浆液体。水胆以圆球形最佳，拿在手里一摇，气泡会左右晃动，非常奇妙，因此价格也比较贵，是水晶家族中珍贵的品种。

花开富贵

种类：全水胆路水晶

规格：13cm×12cm×20cm

市场参考价：6.8 万元

花好月圆摆件

种类：绿幽灵水晶

规格：9.6cm×5.6cm×12cm

市场参考价：1.3 万～ 1.8 万元

10．猫眼水晶

具有猫眼光学效应的水晶，叫猫眼水晶。如果有大量的细密平行排列的包裹体、金红石针状包裹体、纤维状包裹体在水晶中，把这种水晶加工成弧面形宝石，它的表面就会形成猫眼效应，就是水晶猫眼，也叫石英猫眼或者勒子石。它具有精美的猫眼状光带，猫眼水晶呈半透明，有白色到灰褐色、含绿的黄色、黑色或橄榄绿色各种颜色。猫眼石中的纤维，有的是普通石棉，有的是青石棉。最好的猫眼绿发晶，因为发丝密集纤细，所以猫眼效果更加明显，不透明，为灰绿色或者深绿色。在光照下，就和猫的眼睛一样，忽开忽闭、若隐若现，十分珍贵。

11. 幽灵水晶

在无色透明或者浅色透明的水晶内部，有绿色或其他颜色的矿物包裹体，看起来就像是花鸟鱼虫、树木宫殿等自然景观，好像在这个水晶中包含了宇宙万物，因此称为幽灵水晶，也叫异像水晶。根据包裹体颜色不同，分别把它们称为红幽灵水晶、白幽灵水晶、绿幽灵水晶等。其中绿幽灵水晶较为常见，在绿幽灵水晶中，苔藓水晶、庭院水晶最为大家所熟悉，这类水晶内部是灰白色到浅绿色再到深绿色的绿泥石包裹体。因为透明的水晶和不透明的包裹体之间充满诡异的光影变幻，所以形成各种各样的景观，有的像金字塔，有的像蓬莱仙山。因为水晶内部的图案形象逼真、美轮美奂，所以这类水晶价值不菲。

连升三级

种类：千层绿幽灵晶中晶

规格：9cm×8cm×23cm

市场参考价：5万元

富甲天下一对

种类：绿发猫眼水晶

规格：555g

市场参考价：35 万元

也有人把虎睛石和鹰眼石统称为“石英猫眼石”。它们为半透明或者透明，有丰富的颜色，如黄、棕黄、灰黄、黄绿、灰绿、灰、灰褐、棕褐、黑褐色等。石英猫眼石主要产自印度、斯里兰卡和巴西。

金运如意把件

种类：猫眼钛晶

规格：5.2cm × 2.3cm × 8.6cm

市场参考价：2.6 万元

12．星光水晶

具有星光效应的水晶，叫作星光水晶。如果有两组以上定向排列的针状、纤维状包裹体在水晶内部，把此水晶加工成弧面形宝石，它的表面就会有星光效应。星光效应有四射星光和六射星光的区别。

顶光明佛小摆件

种类：晶茶绿幽灵顶俏星光水晶

规格：6.5cm × 4cm × 12cm

市场参考价：2.8 万 ~ 3.5 万元

玉雕常见吉祥图案寓意

◎福运：蝙蝠飞舞在云里，蝠即福，云即运，意指有钱财、有地位的好命运。

◎福在眼前：图案主要由蝙蝠和铜钱构成，表示福气就要来到。

◎福增贵子：桂花和蝙蝠的图案，“桂”与“贵”谐音，寓意既有福气又有贵子。

◎福从天降：蝙蝠从天上飞下，表示福从天降，意指福运就要到来。

◎洪福齐天：比喻人的福气像天一样大、一样高。

◎金玉满堂：画面主要由金鱼构成，“金鱼”与“金玉”谐音，寓意家中很有财富，也表示极富才学。

吉运连连

种类：星光幽灵水晶

规格：15cm × 10cm × 37cm

市场参考价：38.6 万元

水晶的特性

1．化学成分

水晶化学成分为二氧化硅，其中含硅 46.7%、氧 53.3%。水晶由于含有不同的混入物而呈现多种颜色。紫色和绿色是由铁离子致色，紫色也可由钛所致，其他颜色由色心所致色。另外，可含少量钙、镁、铁、锰、镍等元素。

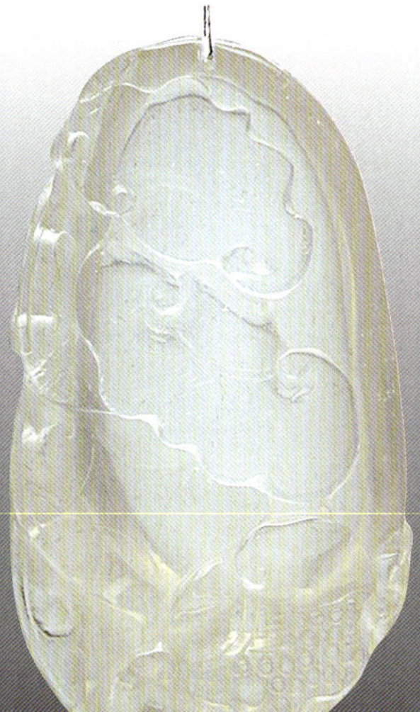

福在眼前如意把件

种类：星光云母水晶

规格：6.2cm × 2.3cm × 10.8cm

市场参考价：1.1 万元

2．晶系及结晶形态

为三方晶系。容易发育成完好的晶体，常见呈六方柱、菱面体三方双锥等，并见有横纹和双晶。

3．光学性质

（1）颜色：有无色、紫色、黄色、褐色、黑色等，自然界罕见鲜红色、绿色和蓝色的水晶。

（2）透明度：透明至半透明。

（3）光泽：玻璃光泽，断口可具油脂光泽。

（4）光性：一轴晶正光性。水晶具独特的干涉图，其分割干涉色色环的黑十字臂达不到中心，形成一种中空的图案，俗称牛眼干涉图。

（5）折射率和双折射率：折射率 1.544 ~ 1.553，双折射率 0.009。

莲年有鱼把件

种类：景观幽灵水晶

规格：6cm × 4.5cm × 12.8cm

市场参考价：2 万元

灵翠

种类：极净体翠绿幽灵水晶

规格：6.5cm × 3.9cm × 8cm

市场参考价：6 万元

（6）色散：低（0.013）。

（7）多色性：无到中等。取决于颜色，颜色越深，多色性越明显。

（8）吸收光谱：一般无特征光谱。

（9）特殊的光学效应：有时因含3个方向定向排列的包裹体而显示星光效应，有时石英中含有大量平行排列的纤维状包裹体而显示猫眼效应。

4．力学性质

（1）解理和断口：一般无解理，贝壳状断口。

（2）密度：2.65克/立方厘米。

（3）硬度：7。

5. 包裹体

经常可以见到不规则状排列的气液两相包裹体、金红石包裹体和电气石包裹体等。

松鹤延年

种类：白水晶含段状绿碧玺

规格：5cm×3cm×10cm

市场参考价：5万元

6．其他物理性质

水晶具压电性，在高压下水晶单晶体的两端可产生电荷，因此，无色、纯净、不具双晶的水晶可做压电石英片。

喜庆丰收

种类：缠丝幽灵水晶

规格：19.5cm × 16cm × 36cm

市场参考价：19.8 万元

水晶的优劣鉴别

同样规格的天然水晶，由于选料、色彩、光泽、造型和做工的不同，往往价钱有很大的区别。基本规律是选料越好、光色越鲜艳、造型越独特、做工越精细的水晶就越贵。

1．选料

选料好的水晶制品，很少看到星点状、云雾状和絮状分布的气液包裹体。质地纯净无杂、纹理有序、充满生机的为好，如有深浅不一的断裂纹、斑点，则属于次品。

连年富余

种类：绿碧玺发晶

规格：4.2cm × 1.8cm × 5.5cm

市场参考价：5000 元

2. 块体大小

水晶块体的大小也决定了水晶价值的高低。同样颜色、净度的水晶，块体大的价值高。因为大块的水晶在自然界中少见，有时候质量差些的水晶，只要块体够大，可能价值会超过高级别的小块体水晶。

3. 净度

无色水晶晶莹剔透，光彩照人。它的价值取决于它的净度，净度越纯、越干净、越无瑕疵、杂质越少，价值越高。假如无色水晶瑕疵很多、很脏，价值就很低。无色水晶以晶莹美丽、洁净透明著称。衡量无色水晶主要看它的纯度，越纯、越透明的价值就越高。

连年金福

种类：金发晶

规格：4.3cm × 1.2cm × 5.2cm

市场参考价：3000 元

目前国际上还没有天然水晶的净度分级标准，只有一个业内人员的简单约定。评价的依据是用肉眼观察，天然水晶可以分为下面几种级别：

AA：整个水晶晶莹剔透，表面无可见的瑕疵。

A1：有极细微的瑕疵，有极细小的天然内含物。

A：有轻微瑕疵，肉眼可见云雾或絮状内含物。

AB：有大块云雾状内含物，有小隐裂，表面有细小划痕。

B：水晶中一半以上都是云雾和内含物，有大块隐裂，表面有较小裂痕。

C：整体呈云雾状，隐裂明显，表面有明显裂痕，感觉随时会碎。

金福如意

种类：板钛水晶

规格：3cm×1.7cm×5cm

市场参考价：4900 元

4．颜色

在水晶家族中，通常是紫晶和黄晶价值最高。还可以根据颜色深浅把它们分级，颜色较深的是 A 级，稍浅的为 B 级。通常颜色较深的价值高，但是不能发暗。水晶的颜色包括两个方面，一个是无色水晶中包裹体的颜色；另一个是水晶本身的颜色。无色的水晶内含包裹体的颜色艳丽，其价格就高，如钛晶、绿幽灵、红兔毛。有色水晶本身要颜色纯正，分布均匀。不能太深或太浅，也不能有深有浅，如紫晶、黄晶、澳州玉、蓝玉髓价格就高。紫晶以颜色深紫、晶莹剔透、稍有云状物的为上品。

金运连连

种类：亮体板钛水晶

规格：3.1cm×1.7cm×6cm

市场参考价：4200 元

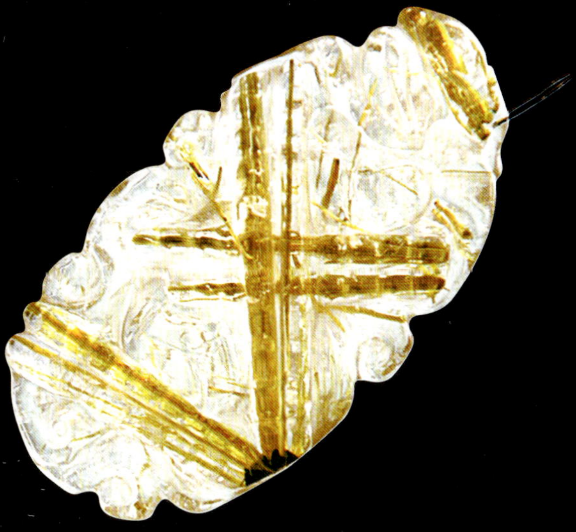

5．透明度

按照透明度指标，越透明的水晶价值就越高。质量上乘的水晶加工出的成品晶莹剔透、光彩照人。透明度高的水晶能提升颜色的深度和艳丽度，不会显得呆板。光学水晶要求全透明、无双晶、无杂质。工艺品水晶要求透明、少裂纹、少瑕疵。熔炼水晶要求透明，可以有裂纹。三者价值顺序递减，在工艺品水晶中，有的较大晶体可以用来制作水晶眼镜或雕刻高档工艺品，所以价值较高；熔炼水晶因为只能作为水晶玻璃的原料，所以价值较低。

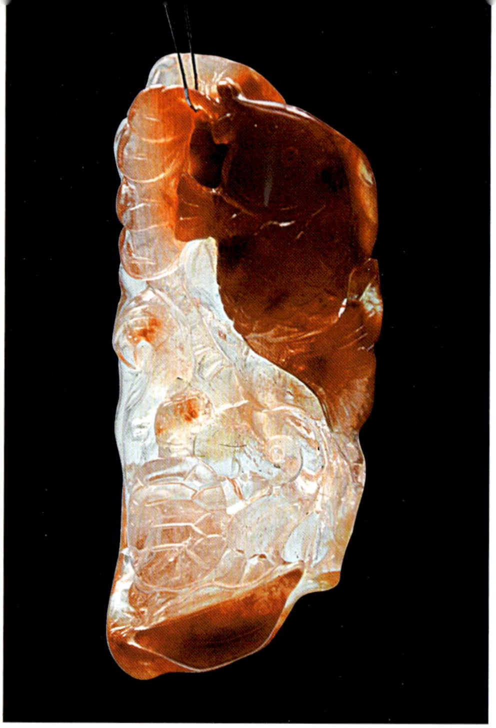

莲年有鱼

种类：润红兔毛水晶

规格：3cm × 1.8cm × 6.2cm

市场参考价：3200 元

玉雕常见吉祥图案寓意

◎年年有余：图案由莲花、荷叶、童子抱鲤鱼构成，表示生活富裕。

◎平和是福：画面以一只花瓶、蝙蝠和柿子构成，花瓶象征平和，柿子表示是，蝙蝠是福，寓意人生平平安安、和和睦睦就是幸福。

◎天官赐福：道家以阴历正月十五上元为天官赐福的日子。天官是天上赐福给人间的神仙。

◎五福临门：常用 5 只蝙蝠飞进家门，来寓意 5 种福气就要来到了。

◎五福捧寿：常以 5 只蝙蝠围住寿桃和寿字表示，形容人有福气，寿命长，象征吉祥。

◎五福祥云：5 只蝙蝠飞舞在祥云之间，祥云是吉祥的象征，寓意福气和吉祥。

6．造型

那些形成美丽花纹和图案的玉石纹理，可使玉石身价倍增。比如碧玉中的不均匀颜色形成一种风景图案或者玛瑙内红白相间的色带有规律地排列，形成缠丝玛瑙等情况。当水晶内包裹体形成美丽图案时，如幽灵水晶、风景水晶，或者针状包裹体呈束状排列时，水晶的价值就比普通的水晶价值高。图案越美观、越有意境，价值越高。

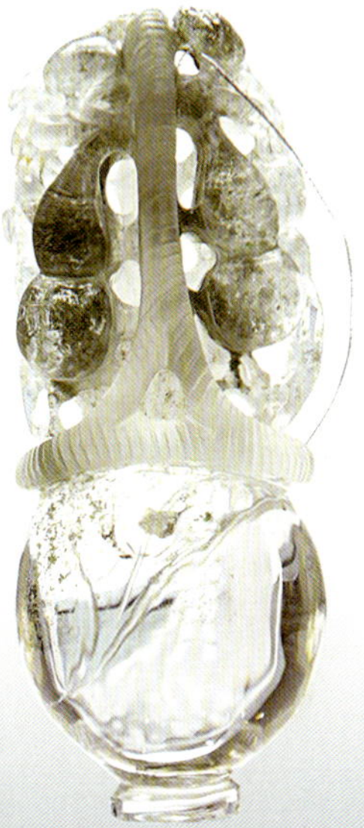

福禄平安把件

种类：绿幽灵水晶

规格：3.8cm × 3cm × 9.8cm

市场参考价：7800 元

龙行鸿运把件

种类：红兔毛水晶

规格：4.2cm × 3.5cm × 9.3cm

市场参考价：6500 元

7．做工

水晶制品的加工包括打磨和雕刻。水晶项链、手链、耳环等属于研磨品，佛像、摆件等属于雕刻品。一件好的水晶制品做工都是非常精细的，既可以让人看到造型、款式、对称性等外观美，又可以让人看到内在的生命力。

鹅如意

种类：南红玛瑙

规格：21.5g

市场参考价：1.08 万元

天然瑰宝——玛瑙

玛瑙的形成距今很遥远。在亿万年前，岩浆由于地壳剧烈运动而流动上升，在上升过程中会遇到地下水，炽热岩浆和地下水构成气液混合物，在岩流中就会逐渐形成大小不一、形状不同的气泡，气泡慢慢形成空洞。后来岩浆继续上升，此时受地球的压力减小，岩流里的气泡变大并且会移动，在到达一定的高度时岩浆不再流动，气泡也会固定下来，气泡的外形也就不再变化。后来随着温度的下降，最外层的二氧化硅逐渐变成了不透明、不透气、非常致密的阴晶石，这就是玛瑙的薄壳，有气体、液体和二氧化硅胶体存在于壳内。后来温度再次下降，二氧化硅胶体形成玉髓，存在于壳的内壁上。这时，壳内的混合物中如果含有淡微粒就会形成玛瑙的黑色条带；含有氧化锰的形成褐色条带；含有钙和镁的形成浅白或浅灰色条带。根据温度不同，这些含有色素离子的矿物，先后开始结晶，层次不同、颜色各异的纹饰由此形成，这就是晶腺，而玛瑙就是带有晶腺构造的二氧化硅集合体。如果二氧化硅胶体再次冷却，压力减小，结晶速度就会减慢，这样就会形成石英颗粒和水晶晶簇。剩余的液态成分主要是水，这样就会形成空洞内含水的玛瑙，这就是水胆玛瑙，这里面的水我们又叫它原生矿物水，这种成因的水胆玛瑙并不多见，只占全部水胆玛瑙的千分之几。

貔貅聚宝盆

种类：南红玛瑙

规格：32.32g

市场参考价：3250 元

玛瑙的种类

一、按颜色分类

1. 红玛瑙

红玛瑙中有东红玛瑙和西红玛瑙之分。前者又称“烧红玛瑙”，是指天然含铁的玛瑙经加热处理后形成的红玛瑙，有鲜红色和橙红色；后者是指天然的红色玛瑙，有暗红色和艳红色，由于它来自西方，因此得名。

2. 蓝玛瑙

蓝玛瑙指蓝色或蓝白色相间的玛瑙，颜色十分美丽。优质者颜色深蓝，次者颜色浅淡，蓝白相间者也十分美丽。目前市场上的蓝玛瑙大多由人工染色而成，颜色浓均，这是与天然蓝玛瑙相区分的主要特征。

红玛瑙生肖吊坠

蓝玛瑙四时同心吊坠

绿玛瑙吊坠

3．紫玛瑙

颜色多呈单一的紫色，没有其他花纹。优质紫玛瑙的颜色与紫晶不相上下；次者色淡或不够光亮，俗称“闷”。紫玛瑙在自然界不多见，市场上也充斥着较多的人工染色而成的紫玛瑙。

4．绿玛瑙

绿玛瑙颜色“单薄”，性脆，质地无翠性；翡翠颜色“浑厚”，质地有翠性，韧性大。自然界中的绿玛瑙很少见，目前中国珠宝市场上的绿玛瑙几乎都是人工染色而成，但其色浓绿，也较容易与翡翠分辨。

蝴蝶飞舞紫玛瑙吊坠

天圆地方白玛瑙吊坠

黑玛瑙复古花纹吊坠

5．黑玛瑙

自然界的黑玛瑙也很少见，目前中国珠宝市场上的黑玛瑙都是人工染色而成，颜色浓黑，易与其他黑色宝玉石相混。

6．白玛瑙

以白色调为主或无色的玛瑙。自然界中出产的一些白色玛瑙的颜色不正，且有很多为灰白色，没有太高的价值。目前市场上的玛瑙多被人工染色成蓝、绿、黑等颜色。

胆青玛瑙竹节执壶

战国棕玛瑙环

7．棕玛瑙

棕玛瑙又名鸽血玛瑙，其颜色一般是黄红色到棕红色的。经常用于别墅或星级酒店的地面、墙面、台面等的装潢。

8．胆青玛瑙

胆青玛瑙是一种青黑色的玛瑙，其颜色青如胆汁，故得此名。经常被做成玛瑙球等摆件类装饰品。它遇火会褪色，变成白色。

9．七彩玛瑙

七彩玛瑙色彩艳丽、花纹奇美，产于浙江省松阳县西屏镇，是一种十分罕见的玛瑙新品种。有着丰富的包裹体，而且包裹体的花纹和色彩非常艳丽，图案更是多种多样，备受人们的喜爱。

二、按光学特征分类

1．火玛瑙

火玛瑙手串

火玛瑙具有层状的结构，层与层之间有薄层包裹物质，如氧化铁的薄片状矿物晶体，当光照射时，产生薄膜干涉现象，也就是火红色的晕彩，这也是其名字的由来。还有些火玛瑙含有丰富的氧化铁内包物，将其在切磨后会呈现出变彩，呈现出温暖、活泼、火热的色调，据说火玛瑙有预防感冒和冻伤的效果。但是火玛瑙并不像其他玛瑙，它通常是附在岩石的表层，因此很难找到一块大一点的火玛瑙，物以稀为贵，其价格自然很高了。玛瑙是玉髓类矿物的一种，经常是混有蛋白石和隐晶质石英的纹带状块体，硬度 7 ~ 7.5，比重 2.65，色彩相当有层次，有半透明或不透明的，常用作饰物或玩赏用，加工时需注意正确的切磨方向。火玛瑙的颜色一般为橘黄、黄、紫、绿色，红和蓝色少见。火玛瑙的外形呈旋涡状，有炫彩。美国、捷克、印度、冰岛、摩洛哥、巴西等国是其主要产地。性格比较孤傲、清冷、不合群的人很适合佩戴火玛瑙，因为火玛瑙可以激发热情，让人很好地与他人相处。

玉雕常见吉祥图案寓意

◎辈辈封侯：大猴背小猴，“背”与“辈”谐音，“猴”与“侯”谐音，侯爵是大官，寓意世世代代都为侯爵。

◎蟾宫折桂：传说月亮中有金蟾、桂树。李白诗曰：“欲折月中桂，持为寒者薪。”蟾宫折桂意指科举考试及第。

◎春风得意：唐代孟郊在考中进士后写道：“春风得意马蹄疾，一日看尽长安花。”后人用“春风得意”称进士，也表示官场腾达或事业有成。画面以春天放风筝为主要内容。

◎独占鳌头：画面以书生骑在鳌背上构成，表示考上状元，当大官，拿俸禄。鳌头指皇宫大殿前石阶上刻的鳌头，考上状元的人可以踏上去。

◎封侯挂印：侯，官职；印，官印，意指做官当权。图案用一只猴去取挂在树上的印表示。

◎功名利禄：图案以公鸡和鹿表示，“公”与“功”、“鸣”与“名”、“鹿”与“禄”谐音，寓意官职、名位和俸禄。

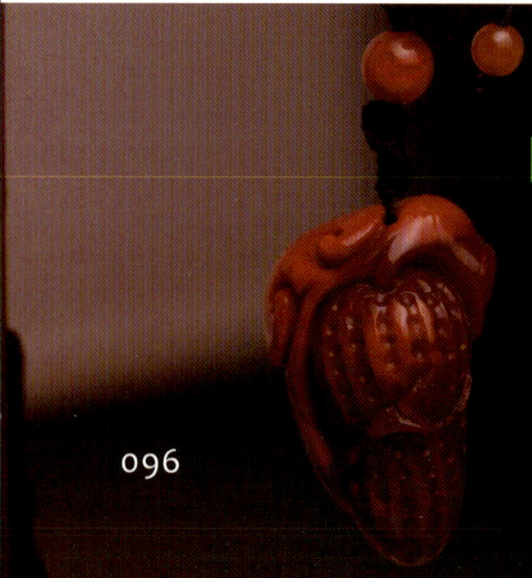

如意花生

种类：南红玛瑙

规格：18g

市场参考价：3750 元

寿星

种类：南红玛瑙

规格：20g

市场参考价：3860 元

连年有余手把件

种类：南红玛瑙

规格：不详

市场参考价：9000 元

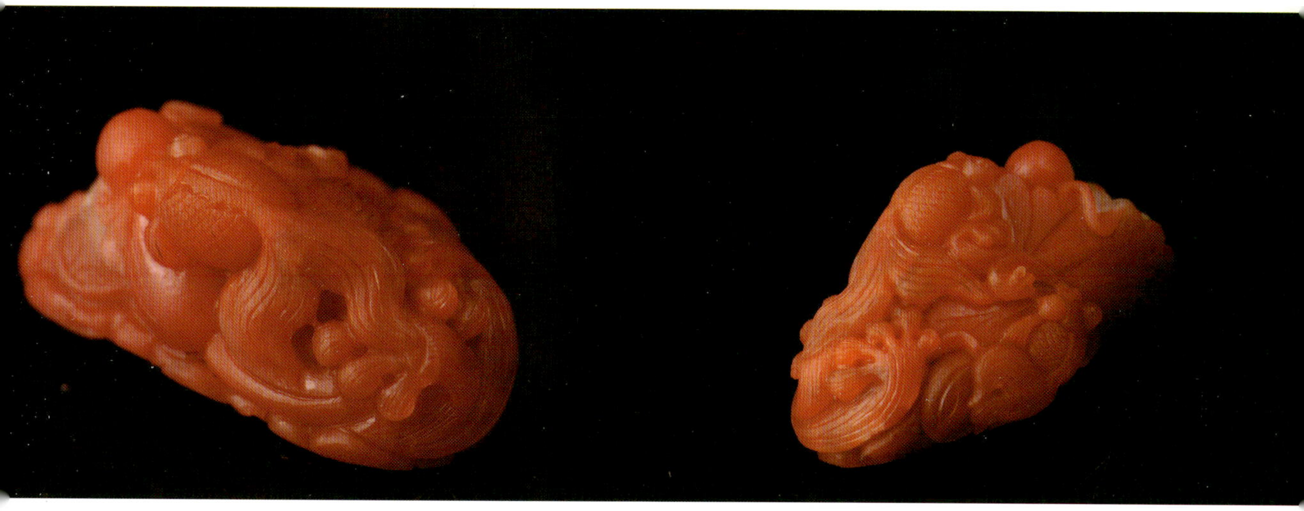

2. 闪光玛瑙

闪光玛瑙是指当转动玛瑙时，会出现一条黑色的、宽窄会变动的而且还会移动的光带在玛瑙的抛光面或蛋圆形面上的玛瑙。有时一个抛光面上可能会显现多条闪光光带，完整的玛瑙看不到这种现象，光带只出现在玛瑙条带的转折处。在显微镜下条带的转折处是一条微细的裂隙。光带的清晰程度受玛瑙条带的宽窄影响，玛瑙相交叠的层有时非常薄，甚至只有几分之一毫米。在垂直条带层理的方向琢磨，条带愈窄闪光带清晰程度愈高，若条带的宽度超过了 0.7 毫米，闪光光带开始模糊不清；若条带的宽度大于 1 毫米，闪光光带消失。光带清晰程度和玛瑙条带颜色也有关，当玛瑙条带为单一颜色时，光带清晰；当玛瑙条带是多种颜色时，则闪光模糊。之所以出现闪光现象是由于光线的照射，玛瑙条纹产生相互干扰，出现明暗变化。抛光后闪光更明显。当入射光线的照射角度发生变化时，闪光光带亦随之变化，非常奇妙，这种变化同猫眼效应产生的原理相同，都是波纹效应。

闪光现象在新疆产的玛瑙及南京雨花台所产的雨花石中都出现过，总的来说，闪光玛瑙很稀少，价格相当昂贵。

三、按照纹理构造分类

1．缠丝玛瑙

缠丝玛瑙是指具有如同丝带缠绕在一起的纹理的一种玛瑙。有的其纹带如蚕丝一样细，而且颜色多种多样，极具魅力。有的红白相间，有的黑白相间，有的蓝白相间，有的宽如带，有的细如丝，奇妙美丽之极，古代又叫截子玛瑙。质量上乘的缠丝玛瑙是既细如蚕丝又富于变化者。缠丝玛瑙经常被雕刻成工艺品，它富于变化的纹理，为雕件增色不少。缠丝玛瑙可进一步划分为缟玛瑙、红缟玛瑙、红白缟玛瑙、黑白缟玛瑙、褐白缟玛瑙和棕黑缟玛瑙。

缠丝玛瑙马上封侯挂件

缠丝玛瑙是围棋棋子的常用原料。天然缠丝玛瑙围棋棋子，纹理自然美丽，具有一定的收藏价值。缠丝玛瑙制作的种类繁多的首饰，如手镯、项链、耳环等也深受人们喜爱。这些饰品质地光滑细腻、精致美观，美丽的纹带丝丝缠绕，别有一番风味。

2．锦犀玛瑙

锦犀玛瑙是一种含有多种颜色的玛瑙，抛光后如彩虹般尽显五彩斑斓的色调，也是一种名贵的品种。

锦花玛瑙吊坠

3. 合子玛瑙

合子玛瑙是指通体漆黑的玛瑙上环绕着一丝白色条纹。根据它的特点人们还给其起了一个别称，叫腰横玉带。北京玉器厂曾将合子玛瑙雕成了一群腰间都环绕了一圈白丝带的黑山羊，设计巧妙，极为别致。

4. 锦花玛瑙

锦花玛瑙又名红花玛瑙，是一种红白色条纹相间的玛瑙，层次分明，在古代经常被贵族把玩。白色的部分是蛋白石或石髓。

5. 城寨玛瑙

城寨玛瑙又名堡垒玛瑙、城堡玛瑙。之所以叫这个名字是因为在缟玛瑙中有部分玛瑙具有棱角状如同城郭的纹理。

6. 蘑菇玛瑙

蘑菇玛瑙是指条纹的结构形态很像蘑菇的一类玛瑙。蘑菇玛瑙奇石曾在中国广西被发现过，它们是黑色的，大小不一，形状很像蘑菇，具有观赏性，让人不禁感叹大自然的神奇。这些玛瑙是使用人工开采的方式挖掘的，进度比较缓慢，产量较小。

四、按质地或其他特性分类

1．水胆玛瑙

水胆玛瑙是指玛瑙或玉髓内部含有液体、气体包裹体。因包裹体形似动物胆囊而得名。摇晃时里面的水汩汩有声，奇妙无穷。水胆玛瑙，乃自然界形成包裹有天然形成的水的玛瑙，“胆”越大、“水”越多越珍贵，水胆玛瑙在玛瑙中占有极其重要的地位。整体通透又无裂纹和瑕疵的上品水胆玛瑙，是雕刻工艺品的上好材料。水胆玛瑙很坚硬，还要恰到好处地把“水”呈现出来，这对雕刻师的技能要求很高，因此水胆玛瑙工艺品都价值不菲。

保山南红玛瑙降龙罗汉

玉雕常见吉祥图案寓意

◎官居一品：常以牡丹、菊花和蝈蝈表示，牡丹是花中之王，“菊”与“居”、“蝈”与“官”音相近，寓意官爵达到最高位置。

◎官上加官：鸡冠花下站着公鸡，或鸡冠花上有一只蝈蝈。“冠”和“官”谐音，意指当官晋级。

◎加官晋爵：画面以童子向官宦敬酒表示，酒杯又称爵，敬即晋，意指升官晋级。

◎加官受禄：官宦手扶一只鹿，寓意晋升官爵，增加俸禄。

◎江山万代：以江水和高山表示江山，许多彩带和字表示万代，意指国家政权代代相传下去。

◎爵禄封侯：画面由酒爵、鹿、蜜蜂和猴构成，借谐音寓意敕封官爵、侯位和俸禄。

雕刻师运用他们的奇思妙想，再凭借高超的手艺，使得许多珍贵的艺术品得以问世。有雕刻艺术家曾雕刻了这样一件别出心裁的精美艺术品，雕刻师用水胆玛瑙雕刻出了鱼或虾，巧妙地利用空洞中的气液包裹体的水珠，使其正好在鱼或虾的嘴边，那些水珠就如同鱼虾吐出的气泡，真是别具一格；还有的雕刻出寿星抱桃，桃中有水；有的雕刻出李白醉酒，酒缸中有水（即酒）；有的雕刻出司马光砸缸，缸中有水。因为水的存在，使得一件件艺术品惟妙惟肖、充满生机，令人拍案叫绝。雕刻师在雕琢时，既不能把水胆玛瑙切得太厚，看不清水，也不能切得过薄，使胆破裂。雕琢时要掌握好度，水胆玛瑙本身就稀有珍贵，雕刻加工又是如此不易，因此一件美观、有趣的艺术品是相当难得的。

水胆玛瑙中有一种特殊的种类，叫血胆玛瑙。它的形成是由于水胆溶液中含有了铁离子，因此里面的水就变成了血红色。自古以来血胆玛瑙就被人们视为圣物，其在自然界出产率极低，相当罕见，是可遇而不可求的稀世珍宝。

福在眼前

种类：南红玛瑙

规格：31.4g

市场参考价：5万～6万元

而关于血胆玛瑙的成因人们有不同的看法，一部分人认为空洞的玛瑙出现了裂痕，铁离子及水趁机渗入，后经岁月流逝，玛瑙自己又封合上了；另一部分人认为硅质矿物原生时就含有铁离子，形成玛瑙后，二氧化硅胶体再次冷却，压力降低，结晶速度减慢，微石英颗粒和水晶晶簇便在其内腔形成了，剩余的主要液态成分是水，而当其既含水又含铁离子时就形成了血胆玛瑙。

2．水草玛瑙

内部含有绿色或其他颜色的如同水草样子的物质的玛瑙就是水草玛瑙。如果含有苔藓状包裹物就称之为苔藓玛瑙，含有羽毛状包裹物就称之为羽毛玛瑙。目前，市场上比较常见的苔藓玛瑙是产于美国、澳大利亚、印度等地的，其内部的苔藓状物一般是深绿色丝絮状。

纯天然水草玛瑙项链

水草玛瑙又名天丝玛瑙，莫氏硬度为 7.0 ~ 7.5，折射率为 1.54 ~ 1.55，比重为 2.60 ~ 2.65，一般是半透明至不透明。其内部天然形成的包裹物，主要是绿色、紫色和黄色等，就好像浮动在河塘中的水草正在舞动着曼妙身姿，婀娜蜿蜒，美丽奇妙极了。水草玛瑙的特殊形态决定了它不仅可以加工成饰品，而且有漂亮的内部景观的水草玛瑙还非常具有收藏价值。

南红玛瑙财神吊坠

观音像

种类：南红玛瑙

规格：不详

市场参考价：8000 元

佩戴水草玛瑙对人体有颇多益处，它能促进新陈代谢，使人皮肤光滑细腻，帮助人体排出毒素。冷漠的人也适合佩戴水草玛瑙，它能使人更热情，促进与他人的和谐相处。

3．管状玛瑙

管状玛瑙有 3 种情形，第一种是指因外力作用或因重结晶作用玛瑙出现裂纹，这些裂纹由脉或管状物充填穿过玛瑙纹层；第二种是指有像管子的不透明包裹体存在于半透明的玛瑙中；第三种是指管状物将玛瑙条纹分隔开。

管状玛瑙手镯

鹅如意

种类：南红玛瑙

规格：不详

市场参考价：1.1 万元

4．风景坞瑙

风景玛瑙是指玛瑙中的各种花纹、包裹体等组合成人物、花草、云海、日出等风格迥异的风景图画，令人称奇，有意境的风景玛瑙十分珍贵。风景玛瑙呈现出了一个奇异的世界，由于玛瑙包裹体和颜色变化万千，丰富多彩，构成的景象也是各具特色，有山川河流、奇花异卉，仿佛在诉说其中的故事。这是大自然的神奇造物，可遇而不可求。

风景玛瑙吊坠

五、中国特有的南红玛瑙

南红玛瑙因地质环境不同，质地、矿态也不相同，不同地质环境下呈现出不同的外观。按颜色可将南红玛瑙分为锦红料、玫瑰红料、朱砂红料、红白料等。

1．锦红料

锦红料是南红玛瑙中最为珍贵的，最佳者红艳如锦，其特点是红、糯、细、润、匀。颜色以正红、大红色为主体，其中也包含大家所熟知的柿子红。

锦红料是目前市场价格最贵的、收藏价值最高的南红玛瑙。适合做任何器物，如珠子、戒面、耳钉等饰品或手把件。

锦红料龙头龟

2．玫瑰红料

玫瑰红料的颜色相对锦红偏紫，整体为紫红色，如绽放的玫瑰，史上较为罕见，在凉山南红矿中有一定量的出现。

玫瑰红料项链

玉雕常见吉祥图案寓意

◎爵禄双全：以酒爵、鹿和两个铜钱表示，意指既有官爵，又有俸禄。

◎连中三元：用莲花与结有3个圆果的树枝，或用荔枝、核桃、桂圆表示，或用3支箭射中靶心表示，寓意考试连连得手。

◎翎顶辉煌：红顶花翎是清代官吏帽上的装饰，也显示官职的高低，孔雀尾和珊瑚是官帽上的标志，象征爵位。画面上常以孔雀翎和珊瑚表示，寓意官运亨通、加官晋爵。

◎马上封侯：常用马背上骑着一只猴表示。古代官爵主要有公、侯、伯、子、男。马上封侯意指马上要封官晋爵。

朱砂玛瑙牌

单纯的玫瑰红料，颜色不如锦红料红，稍显暗淡，但比锦红料透彻，呈现冻质，且常与锦红料共存，比较适合做雕件。

3．朱砂红料

朱砂红料的主体红色可以明显看见由朱砂点聚集而成，也有的呈现出近似火焰的纹理。有的朱砂红的火焰纹特别妖娆，有一种特别的美感。

4．红白料

红白料是红色与白色相伴生，比如常见的红白蚕丝料，其中红白分明者罕见，通过巧妙的设计雕刻，可达到意想不到的艺术效果。

5．纯白料

纯白料有着以白色为主体的南红材料，因其纯白色也被玩家们称为南红白料。个别白色南红材料会带着天然蚕丝纹，蚕丝形状各异，非常漂亮。

6．缟红料

缟红料是有着以红色为主体的缤纷纹理的南红材料，因其纹理类似红缟纹理，故被玩家们称为缟红纹南红。

红白玛瑙蝙蝠桃树花插

花开富贵手把件

种类：南红玛瑙

规格：35g

市场参考价：7000 元

7．樱桃红

以四川联合乡出产为主，联合料属通透玉料，晶体非常细腻。联合料就是从凉山美姑县联合乡出来的南红料子，那里出的料子两极分化很严重，好的是极品樱桃红，差的就只能沦落到做成通货卖地摊价了。

玛瑙的特性

1．基本特征

玛瑙是二氧化硅的隐晶质玉石，显微镜下为细小的棉絮状体，外观质地非常细腻。

（1）透明度：以半透明为主，也有微透明的。

（2）硬度：6.5 ~ 7（莫氏硬度）。

（3）光泽：玻璃光泽，抛光面有强反应，无特殊光泽。

天龙戏珠

种类：南红玛瑙

规格：不详

市场参考价：5600 元

（4）颜色：玛瑙的颜色表现最丰富，是很有特点的玉石。常见和应用的是红色，其他还有蓝、绿、黑花、紫、灰、白等色，一块玛瑙中可出现多种颜色，以红、白二色最多。有多种颜色的玛瑙，色别、色度、色调、色形差别大，可说是形态各异。

（5）解理与裂纹：玛瑙没有解理现象，有裂纹。裂纹有的轻微，有的严重，以破碎纹、包裹纹、断裂纹、炸裂纹、炸心纹等形式出现，有后3种裂纹的一般不被利用。

（6）韧性：玛瑙像晶石一样性脆，容易打出断口，多呈半贝壳状、贝壳状。认真观察，断口有微弱变化，尤其是细腻的玛瑙，断口很接近贝壳状；质地略粗一些，断口微有丝片痕迹，而且有方向性，方向找到了，易打出断口。

竹梅

种类：南红玛瑙

规格：不详

市场参考价：6680 元

金玉满堂

种类：南红玛瑙

规格：30g

市场参考价：4860 元

（7）纹理：玛瑙的纹理变化很大，多数呈同心圆状，也有冰凌纹状的。

（8）晶体：在玛瑙的外皮和心部常见石英晶体，有的开成孔洞，包裹有水。

2. 结构特点

玛瑙主要产于火山岩裂隙及空洞中，也产于沉积岩层中，是二氧化硅的胶体凝聚物，是一种石英矿，形状各异。

玛瑙的中心可出现空洞和晶体，也可不出现空洞和晶体。如果出现晶体和空洞，一定是玛瑙同心圆纹理的最内层。晶体向内心发育，呈晶面显著的晶簇状态，呈紫色、无色，透明或半透明。封闭在中间的水胆能通过晶体的透明显示出来。

领头羊

种类：南红玛瑙

规格：18g

市场参考价：4860 元

寿星

种类：南红玛瑙

规格：18g

市场参考价：4860 元

玛瑙生长时，外界条件的变化、热液的成分，使玛瑙的结构也发生变化，有层带的，有均质的，有隐现冰凌的，有实心的。这些变化表现了产地不同的特点，根据这些特点来分辨玛瑙的优劣是很重要的。

玛瑙虽然坚硬锋利，但内部仍有小的孔隙，这种孔隙造成能渗入液体的条件。各地玛瑙结构特点不同，孔隙大小不同，渗入液体有难有易。同一块玛瑙各层带间的孔隙也有不同，渗入液体也有差异。产生这种现象，是在玛瑙形成时外界条件变化而造成的。外界条件变化大，热液浓度高，二氧化硅急速冷却，形成粗质地玛瑙；外界条件变化慢，热液浓度低，二氧化硅慢速冷却，形成细腻玛瑙。

达摩吊坠

种类：南红玛瑙

规格：不详

市场参考价：7000 元

玉雕常见吉祥图案寓意

◎三元及第：在科举考试中，乡试、会试、殿试均第一，称三元及第。图案以地上长有一棵树，并结有 3 个圆果表示。

◎四世三公：汉代杨震家族出多个大官，其子秉、秉之子赐、赐之子彪相继为三公。后人为记述这段故事用 3 只公鸡和 4 个柿子表示。

◎太师少师：常以大小狮子表示，寓意飞黄腾达，官运亨通。太师为三公之首，辅佐太子的官员称太师或少师，少师是三孤之首，官位显赫。

◎五子登科：登科为考中做官之意。五代后周窦禹钧才学出众，治家严谨，教子有方，他的 5 个儿子先后中了进士。图案常用一只大鸡带着 5 只小鸡表示。

玛瑙的优劣鉴别

1. 从色泽上看

通常来说，上好的玛瑙有着玻璃光泽，而且玛瑙的图案色泽明快艳丽、光洁细润、自然纯正；纹理自然流畅，颜色要透亮，且应该无砂心、无杂质、无裂纹。

代代有福

种类：南红玛瑙

规格：15g

市场参考价：6680 元

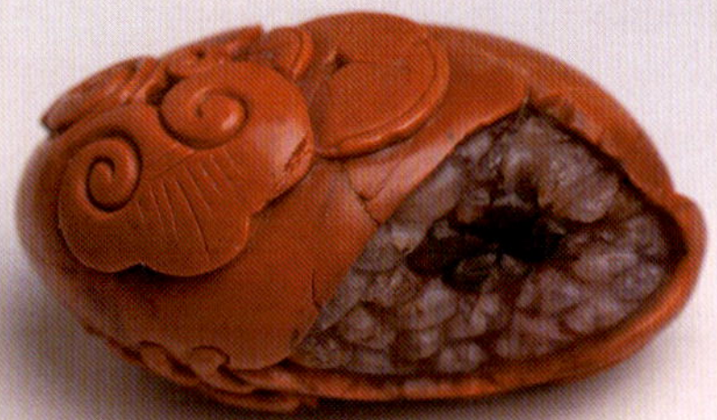

2. 从制作工艺上看

玛瑙质地坚硬、润滑、凝重，因此它的雕刻比起玉石雕刻更费功夫。一般来说，经过能工巧匠精雕细琢而成的玛瑙是具有较高收藏价值的，而玛瑙石越薄，雕刻起来难度也就越高。要是在市场上看见雕工十分精细的“明清玛瑙”，那么就必须要小心是现代仿品了。因为以明清的雕刻工艺来说，中间所打的线孔是不可能很平滑的，一般都歪歪扭扭，呈倒喇叭形。如果你看到一通到底很平滑的线孔，基本可判定是假货或者仿制品。

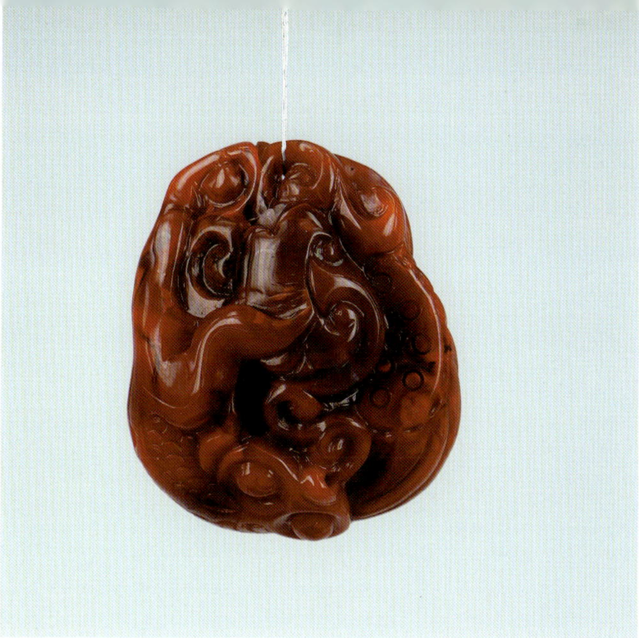

莲鱼

种类：南红玛瑙

规格：23.73g

市场参考价：3380 ~ 4200 元

3．从造型上看

通常情况下，外形比较个性的南红玛瑙工艺品的收藏价值要高。由于玛瑙石质地很硬，制作起来需要几十道工序，所以，造型越是繁复的外形，造价也就越昂贵，自然它的价值也就越高。

和和美美

种类：南红玛瑙

规格：不详

市场参考价：5000 元

另外，还可以通过裂纹、透明度、杂质、纹带、颜色、砂心和块重来辨别。通常情况下，玛瑙质量好坏的鉴别和经济价值的评定主要分级如下：

（1）特级：特级南红玛瑙的纹带非常美丽，颜色纯正、明快。而且透明度好，几乎都是半透明，无裂纹、无砂心、无杂质，整体的重量都在 5 千克以上。

年年吉瑞把件

种类：南红玛瑙

规格：69.15g

市场参考价：2.28 万元

（2）一级：一级南红玛瑙的纹带非常美丽，颜色纯正、明快，半透明，透明度算是较好，无裂纹、无砂心、无杂质，整体的重量在 2 ~ 5 千克。

吉祥有余

种类：南红玛瑙

规格：18g

市场参考价：5500 元

连年有余

种类：南红玛瑙

规格：21.66g

市场参考价：3160 ~ 3980 元

（3）二级：二级南红玛瑙的纹带较美丽，颜色纯正，呈半透明，透明度算是较好，无裂纹、无砂心、无杂质，整体重量在 0.5 ~ 2 千克。

（4）三级：三级南红玛瑙的纹带较美丽，颜色纯正，呈半透明，透明度算是较好，无裂纹、无砂心、无杂质，整体重量在 0.5 千克以下。

远古精灵——琥珀

琥珀通俗地说就是一种植物的树脂，近似于我们常说的松香，是由植物（多数是有木质结构的树木）在一定的温度下分泌出的一种黏稠状或凝胶状的液态分泌物，分泌物经长期掩埋渐渐失去挥发的成分，再经氧化、固结逐渐形成树脂化石。这类化石看起来没有岩石类的石质感，但它也经历了百万至千万年的地下埋藏，经历了形成化石的一切过程，我们称之为特殊的化石——有机化石，类似的还有煤精等。正因为如此，它和现代的天然树脂有本质的不同。

包花手串

种类：琥珀

规格：56g

市场参考价：2.4 万元

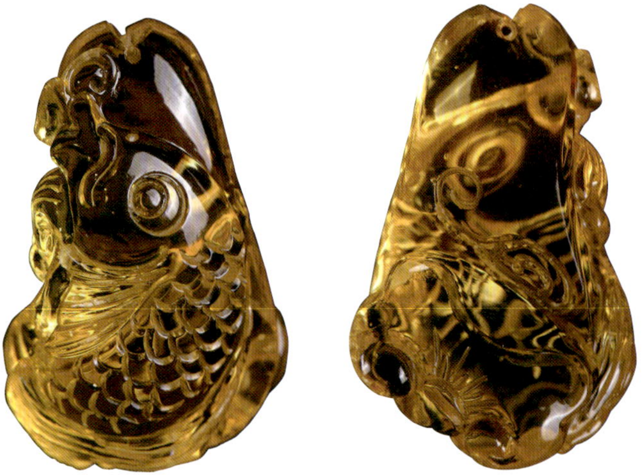

如意有鱼

种类：琥珀

规格：8.88g

市场参考价：4800 元

玉雕常见吉祥图案寓意

◎鱼跳龙门：寓意高升当官或幸运有福。

◎一路连科：一只鹭与芦苇、莲花构成画面，“鹭”与“路”、“莲”与“连”谐音，寓意每次考试都考中。

◎一甲一名：殿试第一等的第一名称甲，意指考中状元。鸭字的偏旁为甲，鸭鸣的鸣谐音为名，或鸭子嘴上夹一根草，“甲”与“夹”谐音，故画面采用鸭子夹草表示。

◎指日高升：画面由一个身穿官服之人指着高升的太阳构成，寓意在短时间里将晋升高官。

◎状元及第：考中状元称状元及第，可以当大官。戴官帽寓意状元，鱼跳龙门可以变成龙，童子乘龙寓意及第。图案多以身穿官服、头戴官帽、骑龙飞翔的童子表示。

琥珀是第三纪松柏科植物的树脂，经地质作用掩埋地下，经过很长的地质时期，树脂失去挥发成分并聚合、固化形成琥珀。它常与煤层相伴而生。琥珀是碳氢化合物，含有琥珀酸和琥珀树脂，组分成分中碳占 79％、氢占 10.5％、氧占 10.5％，有时还含有少量硫化氢。琥珀的形状多呈饼状、肾状、瘤状、拉长的水滴状和其他不规则形状，属非晶质体。颜色多呈黄色、橙黄色、棕色、褐黄色或暗红色，浅绿色和黄色、淡紫色的品种极为罕见。油脂光泽，透明至半透明。折光率 1.539 ~ 1.545，无多色性。硬度 2 ~ 3，密度 1.1 ~ 1.16 克 / 立方厘米。性脆，无解理，具贝壳状断口。琥珀为有机物，加热到 150℃即软化，250 ~ 300℃熔融，散发出芳香的松香气味。琥珀溶于酒精，常含有昆虫、种子和其他包裹体。

琥珀的种类

中国先民很早就对琥珀有了深刻的认识，并对琥珀进行了正确分类。如《奇玩林》中记载："色黄而明莹润泽，其性若松香，色红而且黄者谓之明珀。有香者谓之香珀，鹅黄色者谓之蜡珀，此等价轻，深色者谓之血珀。"在《正字通》《博物要览》《事物绀珠》中也都有对琥珀的明确分类和对其特性的描述。

琥珀主要类型有血珀、金珀、蜜蜡、香珀、虫珀、蓝珀、绿珀、白珀、花珀、灵珀、明珀、水珀等类型。

1．血珀

天然血珀顾名思义就是颜色像血似的红色的琥珀，也称红琥珀或红珀。红琥珀红色透明，色红像血一样是上品。血珀有天然血珀、天然翳珀和烤制之分，同为天然或烤制也有好坏之分。天然形成的红色琥珀极其稀少，大概占总量的0.5％。这种红颜色的琥珀大多数是靠人工热处理来获得的（加速氧化作用）。

鱼

种类：血珀

规格：5.1g

市场参考价：1800元

当然，在空气中自然氧化也会逐渐改变琥珀的颜色，“老”琥珀的颜色都是经过了非常漫长的时间历练而变得更红。如果能感觉到颜色有明显改变大概需要 50 ~ 70 年时间。好的血珀是极品，因造假比较难，又稀少，所以价格也更高。血珀质量好坏主要看色彩、透明度和纯净度（里面有无杂质），同样是血珀，颜色鲜红、透明度高、里面毫无杂质的为上品。天然琥珀在正常光线下是黑色，透光观看或强光下是红色。

2．金珀

金黄色透明的琥珀，特点是金灿灿如黄金的颜色，散发着金色光芒，透明度非常高，是最名贵的琥珀。

金枝玉叶

种类：金珀

规格：4.6g

市场参考价：1900 元

3．蜜蜡

过去不少人都认为蜜蜡不是琥珀，认为琥珀和蜜蜡不是一种东西，我国系统宝石学把蜜蜡划归了琥珀的 个品种。蜜蜡是半透明至不透明的琥珀，有各种颜色，其中金黄色、棕黄色、蛋黄色等黄色最为普遍。有蜡状感，光泽以蜡状光泽至树脂光泽为主，也有玻璃光泽的。有时呈现出玛瑙一样的花纹，内部含有大量的气泡，当光线照射时，其中的气泡将光线散射，使琥珀呈现不透明的黄色。这种琥珀中每立方毫米大约能有 2500 个直径在 0.0025 ~ 0.05 毫米的微小气泡。气泡的数量越多，琥珀的颜色越浅。

寿桃

种类：蜜蜡

规格：42.4g

市场参考价：2.28 万元

4．香珀

香珀是具有香味的琥珀。但现在市场上有很多琥珀是由于加了香料而被称为香珀。

香珀吊坠

5．虫珀

虫珀是含有动物、植物遗体的琥珀，其中以包含小的动物遗体如蚊子、蜜蜂、苍蝇等最为名贵。

随形吊坠

种类：虫珀

规格：15.1g

市场参考价：8800元

6．蓝珀

蓝珀相当罕见，价值极高，正常情况下，蓝珀看起来并不是蓝色的，而是棕色有点紫。在普通光线下转动，角度适当时它会呈现蓝色，再变换角度时蓝色又会消失，当主光源位于其后方时，它的光线最蓝。但也有极少数的蓝珀本身就是蓝色。另外，含杂质较多的蓝珀蓝色更为明显。蓝珀以产于中美洲的多米尼加最为著名。蓝色是最为稀少、最有价值的琥珀颜色，仅占总量的0.2％，有时与白色琥珀伴生。蓝珀还有一个特性，它极少内含昆虫、植物、气泡。人们曾经发现极少数的蓝珀内含昆虫，但都已被极度压缩至几乎不可辨。正常的蓝珀本身不会有结晶花产生。

琥珀吊坠

如意

种类：金蓝琥珀

规格：15.5g

市场参考价：7000 元

绿珀吊坠

7．绿珀

绿珀是绿色透明的琥珀。当琥珀中混有微小的植物残枝碎片或硫化铁矿物时，琥珀会显示绿色。绿色是很稀少的琥珀颜色，约占琥珀总量的 2%。

8．白珀

白色也是很稀少的颜色，占琥珀总量的1%～2%，以其天然多变的纹路为特征。这种琥珀也被称为“皇家琥珀”或者“骨珀”。它可以与多种颜色伴生（例如黄色、黑色、蓝色、绿色），形成美丽的图案。这种琥珀每立方毫米含的气泡数可以达到100万个，直径在0.0008～0.001毫米，由于对光的散射从而使琥珀变成白色。

除了上述种类之外，还有花珀、灵珀、明珀、水珀等。

万紫千红

种类：花珀

规格：15.6g

市场参考价：6000元

玉雕常见吉祥图案寓意

◎百寿图：摹写一百个不同形体的寿字，组成一个大的寿字，称百寿图。

◎长命百岁：多在长命锁上刻有“长命百岁”4字，也用于祝颂老人百岁。

◎春光长寿：以山茶花和寿带鸟构成图案，山茶花寓意春光，寿带鸟寓意长寿，意指长寿不老、永葆青春。

◎龟鹤齐龄：以龟和鹤为主要图案。传说龟有万年寿，能预兆吉凶；鹤为千年仙禽，是祥瑞之鸟。人们常用龟、鹤寓意长寿和祥瑞。

◎麻姑献寿：麻姑是仙女，住在蓬莱岛，传说她能掷米成珠。三月三王母寿辰，举办蟠桃盛会，麻姑在绛珠河畔用灵芝酿酒，携酒前去向王母献寿礼。图案多以仙姑手托酒盘或寿桃表示，为祝贺女寿星时常用此语。

布袋弥勒

种类：琥珀

规格：4.7g

市场参考价：4600 元

琥珀的特性

1. 化学成分

琥珀的主要成分是由碳、氢、氧组成的一种有机化合物（树脂酸及琥珀脂醇），其分子式为 $C_{10}H_{16}O$，琥珀含有少量的硫化氢。

2．形态及结构

琥珀属非晶质，具有各种不同的外形，多呈卵石及碎石块状产出，有时外层还可见不透明的皮膜。据电子显微镜透射观察可见，琥珀体是由微小的椭圆形胶粒堆积而成，小胶粒堆积成肾状、花瓣形，再进一步堆积成菜花状球粒。这种不断凝集代表了琥珀的生长过程，树脂体的黏结加大是形成特大琥珀体的原因。在胶粒之间局部的有序排列致使琥珀有时出现干涉色。

3．光学性质

（1）颜色：黄色、蜜黄色、黄棕色、棕色、浅红棕色、淡红和淡绿褐色。

（2）透明度和光泽：透明、微透明，树脂光泽。

（3）光性：正交镜下全消光。

（4）折射率：1.54。

（5）发光性：在长波紫外线下发蓝色及浅黄、浅绿色荧光。

连年有余

种类：琥珀

规格：12.8g

市场参考价：6800 元

金蟾

种类：琥珀

规格：11.6g

市场参考价：6800 元

金枝玉叶

种类：绿琥珀

规格：3.2g

市场参考价：3600 元

4．力学性质

（1）解理和断口：无解理，贝壳状断口。

（2）硬度：2 ~ 3，一般为 2.5。

（3）密度：1.08 克 / 立方厘米，可在饱和的食盐溶液中上浮。

5．内外部特征

琥珀的内含物很常见，而且其中的许多内含物肉眼就可看见。依据内含物的特征可分为如下几类：

（1）动物包裹体：琥珀中常见甲虫、苍蝇、蚊子、蜘蛛、蜻蜓、马蜂、蚂蚁等多种动物碎片，但动物个体完整者少见，若含有完整的动物体则为珍品，动物在其中栩栩如生。多米尼加琥珀中含大量昆虫及动物碎片。

（2）植物包裹体：琥珀中保存有伞形松、种子、果实、树叶、草茎、树皮等植物碎片。

（3）气液包裹体：琥珀中常见圆形或椭圆形气泡，还可有气液两相包裹体。

（4）漩涡纹：多分布于昆虫或外来植物碎片周围。

（5）杂质：在琥珀中还存在有裂隙和空洞，其间经常有杂质充填。这些杂质主要是泥土、沙砾、碎屑，它们大多受到过铁锰物质的浸染而呈褐色或黑褐色。

（6）裂纹：在琥珀中经常可见有裂纹发育，并被黑色与褐色物质充填，黑色物质为碳质，褐色物质由铁染所致，这些裂纹可能由于风化、搬运迁移、石化过程中受压力作用所致。

如意貔貅

种类：琥珀

规格：6.2g

市场参考价：4600 元

布袋弥勒

种类：琥珀

规格：16.8g

市场参考价：1.28 万元

6．其他重要性质

（1）电特性：琥珀是良绝缘体，用力摩擦后带电，并能吸附小碎纸片。

（2）导热性：差，有温感，加热软化，近火有松香味。

连年有余

种类：琥珀

规格：13.8g

市场参考价：9900 元

玉雕常见吉祥图案寓意

◎蟠桃献寿：蟠桃是仙桃，3000 年才开一次花，再 3000 年才结一次果。王母三月三生辰也是蟠桃成熟之时，届时王母大摆寿筵，邀请众仙赴瑶池庆贺。此语表示祝福长寿。

◎齐眉祝寿：画面由梅花、竹子和寿带鸟组成，“梅”与“眉”、“竹”与“祝”谐音，齐眉有夫妻相敬之意，寓意夫妻同长寿。

◎群仙祝寿：图案以水仙、竹子和山石表示，水仙代表群仙，“竹”与“祝”谐音，石为寿，为祝寿语。

◎松鹤长春：画面以松树和仙鹤表示，寓意夫妻长寿百岁，相伴永远。

◎松菊延年：松树被视为百木之长，四季常青，菊花经霜不凋，独吐幽芳，意指长寿，图案常用松树和菊花表示。

琥珀的优劣鉴别

一块琥珀的品质要从大小、颜色、透明度及包裹体 4 个方面进行综合评定。

1．大小

琥珀是非晶质宝石，块体形状不定，可是粒状、桶状等，一般块体多在 100 克以下。琥珀以大者为优，因块大者便于制作大件作品。

2．颜色

琥珀有金黄、黄、褐、橙红、血红、黑、蓝、绿等多种颜色，颜色与产地的关系颇大，现代以缅甸产的樱桃红琥珀、多米尼加产的蓝色琥珀最为名贵。

福如意

种类：琥珀

规格：7.8g

市场参考价：3500 元

福在眼前

种类：琥珀

规格：23.87g

市场参考价：9800 元

观音

种类：琥珀

规格：7.06g

市场参考价：1800 元

3．透明度

以透明度高者为优，通体剔透为上品，半透明次之，微透明再次，不透明最次。但琥珀内的包裹体、杂质、裂纹等的不美观，也会造成琥珀档次下滑。

4．包裹体

琥珀中的包裹体，与琥珀品质关系最大。植物性包裹体，形态完整者不多，动物性包裹体则因昆虫奋力挣扎，动作姿态明显，但肢体完整的昆虫体少见。所以，虫珀中以形体完整、动态明确的昆虫珀最受行家推崇。泡沫珀、浊珀、脂珀依次后排。

玉雕的加工工艺

玉雕产品的显著特征是质地坚硬细密、色彩浓艳绚丽、晶莹剔透、光泽柔和等。玉石雕刻工艺技术经过各个时代的不断发展、进步，到现在玉雕工艺主要分为选料、设计、雕琢、抛光和装潢 5 个程序。

鼠来宝把件

种类：红兔毛水晶

规格：5.3cm×3.6cm×11.8cm

市场参考价：1.2 万元

玉料的选择

玉石雕刻工艺的第一个步骤就是选料。雕琢师必须具备分辨玉石优劣的能力，而要分辨玉石优劣就必须了解玉石的特性。一般从以下 4 个方面来鉴别玉石。

1．质地

我国常见的玉石有 20 多个种类，其质地有的坚硬，有的疏松。通常用莫氏硬度来衡量玉料的软硬。莫氏硬度计量其实是选用了 10 种原物矿石代表硬度的级别。比如硬度级别最低的滑石为 1，而金刚石最坚硬为 10，一般质地较软的玉石硬度在 4 ~ 6，硬度较大的玉石在 5 ~ 7。

顺心有福

种类：金顺发水晶

规格：3.8cm × 1.6cm × 4.2cm

市场参考价：3200 元

另外，选料时需要去绺挖脏。天然的玉石一般都有裂纹，用行话说叫“绺”。绺对玉石成品的美观有较大影响，为此就需要去绺或遮绺。一块颜色纯正的玉石中常会夹杂着不协调的色调，业内人士把这个称为“脏”，为了对玉石很好地进行加工，在选料时就要处理掉脏色，行话称其为“挖脏”。

人生如意把件

种类：红兔毛水晶

规格：5.8cm × 2.8cm × 9.8cm

市场参考价：9800 元

2．颜色

玉石的颜色特征各不相同，像白玉、黄玉、墨玉等，其色泽纯净温润；岫岩花玉则色彩缤纷绚丽等。大自然赋予玉石的斑斓色彩，深深地吸引了世人的目光。

在识别玉料颜色的过程中，要构思得当，考虑去留，既要兼顾各种颜色，还要注意使旺色处在显眼的部位。如白玉最大的特征就是温润滑腻，就不宜雕琢得很薄；对于色彩斑斓的玉料，制作成山水花鸟的大型玉雕摆件是不错的选择；颜色纯正、透明度高的玉料适宜制作成玲珑剔透的作品。

一夜封侯独籽挂坠

种类：和田玉

规格：11g

市场参考价：5.5 万元

玉雕常见吉祥图案寓意

◎十二生肖：古人用 12 种动物配十二地支，子为鼠、丑为牛、寅为虎、卯为兔、辰为龙、巳为蛇、午为马、未为羊、申为猴、酉为鸡、戌为狗、亥为猪。后来人们将自己出生的年份与其相配，肖什么动物，称属什么，比如酉年生的肖鸡，则称属鸡。生肖玉雕佩件十分流行，据说佩戴可保平安，祛邪气。

◎天长地久：图案用天竹、瓜藤表示。后人将此语引申为祝寿之词，祝生命像天地一样长久。

◎天地同春：为祝寿之语，图案用天竹、瓜藤和盛开的花朵表示。

◎万寿无疆：图案多以蝙蝠、灵芝、寿桃及吉祥文字、字符表示。

◎芝仙祝寿：图案用灵芝、水仙、竹子和山石表示，意指健康长寿。

福猪牌

种类：和田玉

规格：22g

市场参考价：6 万元

3．透明度

玉石如果整体较为通透，对其本身的质地和颜色都有很好的烘托效果，玉石内部的颜色也能够透出来，因此，透明度对玉石的价值有极大影响。

透明度一般被分为透明、半透明、微透明和非透明 4 种。一般需要将玉石进行局部抛光才能更好地鉴定玉石的透明度。

4．光泽

光泽是指玉石平整表面（或平滑断面）对光的反射能力。玉石的光泽有玻璃光泽、金属光泽、油脂光泽、珍珠光泽、蜡状光泽等。光泽能够反映出玉石的质地、颜色、透明度状况，富有光泽的玉石比光泽暗淡的玉石要更加美观。一般来说，质地坚硬的玉石比质地松软的玉石光泽要好。

连年有余

种类：蜜蜡

规格：38g

市场参考价：2.68 万元

若想更好地鉴别玉料的质量，不能仅凭直接观察，还要打出断口，切磨部分侧面，这样更有利于对其质地、纹理、透明度、光泽、颜色等进行观察。

招财福袋

种类：金包蜜

规格：26g

市场参考价：1.5 万元

多子多福

种类：南红玛瑙

规格：27.1g

市场参考价：4.6 万～ 5.8 万元

造型的设计

玉雕造型设计必须充分考虑玉料质地、形状、颜色的特征，巧妙地将其各种特性有机地融合起来。任何作品都应该遵循因材施艺的原则。

1．量形取材

玉料的形体大小不一，形态各异，有开采的自然形体，有被磨蚀而成的卵石形状，有经过挖脏去绺形成的方形、长形、三角形等形体。玉料不具备可塑性，因此玉雕只能在玉料所提供的形体条件的基础上进行构思设计。首先，应根据玉料原有的高度来设计造型。虽然雕刻时肯定还要再去掉一些料，但是应尽量遵循减少重量、不减少体积的原则；其次，作品的题材也应根据玉料的形状来构思、酝酿，一块玉料到底要设计成何种题材要反复推敲，构思成熟再下手；最后，运用玉料时，既要充分地合理运用玉料，还要兼顾作品的艺术效果，不能只一味追求占有材料。正确的做法是在充分尊重原材料形体的前提下进行设计，然后再根据构思出的造型给玉料“破形”，这样才能达到最令人满意的艺术效果。

2．玉色运用

玉料不仅种类繁多，颜色也特别丰富。每种玉料都有基本的颜色，另外还会夹杂其他颜色，在设计造型时务必兼顾不同颜色而进行创作。

对于单色玉料，要根据每种颜色的特征来进行创作。例如，纯净无瑕的和田白玉可以雕刻成观音，墨玉可以用来创作侠义关公，绿色的岫岩玉可以用来创作山水花鸟摆件，这样才能充分展现出作品各自的神韵。

南红玛瑙福在眼前吊坠

3．俏色

俏色是玉器行业内通用的一种专业术语，是指巧妙利用玉石本来颜色的一种技巧。除了单色玉料外，还有很多带有多种颜色的玉石，这就需要玉雕师对此进行巧妙构思，充分运用俏色，选择与玉料颜色相符的题材和造型。在运用俏色上有 3 种境界，分别是绝、巧、不花。

绝，是玉雕师运用俏色技术的最高境界。玉雕师能够令一块玉料绝处逢生，化腐朽为神奇，令观赏者拍案叫绝，这就是达到了“绝”的境界。巧，是玉雕艺人能返瑕为瑜，独具匠心地利用玉料的颜色。不花，是指玉料颜色虽多，但玉雕师能将其安排得合理协调，恰到好处，丝毫不会有杂乱之感。

俏色金鱼

种类：红兔毛俏白兔毛水晶

规格：3.2cm×1.5cm×4.2cm

市场参考价：2000元

俏色鼠来宝

种类：团丝绿幽灵

规格：10cm×11cm×19cm

市场参考价：5.6万元

4．划活

划活是根据构思的造型，用墨笔在玉料上勾画出所要琢磨的艺术形象。划活是玉器加工过程中很关键的一步。划活要伴随雕琢作品始终。

喜上眉梢扳指

种类：和田玉

规格：84g

市场参考价：5.8 万元

玉件的雕琢

设计完成后，玉雕艺人利用各种工具和雕琢技巧将玉料雕琢成之前构思的造型，在玉雕的整个加工过程中，这一步至关重要。雕琢玉料时，作品必须真切、全面体现，甚至创造性地发挥创作设计意图，一绺青丝、一条衣纹都要细致地去雕琢。

玉雕从一开始的简朴造型到现在的花样繁多，其中经历了一代代玉雕人的改革创新，工艺越来越精美。但总体上来讲，玉雕的技艺不外乎几种常见的形式。

浮雕在玉雕中运用较多，大部分的玉牌子都会选择浮雕来塑造形象，浮雕作品适合从正面欣赏，如书画一般细致生动。在浮雕中有浅浮雕和中浮雕及深浮雕，分类的依据是下刀的深浅。

另一种比较常见的雕刻技艺是圆雕，一般以玉把件为多。这样的作品各个角度都要进行雕刻，整体造型贴近真实，比例也需要精准把握。

除了以上两种玉雕技艺之外，镂雕也是一项重要的雕刻手法。相比之前两种运用较少，在玉雕师的运用下也是挖脏去绺的一种方法，更为重要的是这种雕刻手法让玉器造型更具有立体感。

玉雕常见吉祥图案寓意

◎白头富贵：图案是牡丹树上站着两只白头翁。牡丹寓意富贵，两只白头翁表示夫妻，表示夫妻白头到老、富贵到老。

◎百子图：由一百个形态各异的童子构成画面，表示子孙众多、人丁兴旺。同时，寓意多子多孙。

◎并蒂莲：又称并头莲，意指并排在同一根茎上的两朵莲花，用来比喻恩爱夫妻相亲相爱、情投意合。

◎长春白头：长春花枝头站着白头翁，寓意夫妻和谐、长春不老，彼此相伴到白头。

荷香风善牌

种类：和田玉

规格：36g

市场参考价：4.8万～5.8万元

以上3种是较为常见的玉雕技法，一般而言玉雕师在进行创作的时候会灵活运用，使得作品能够尽善尽美。

业内流传着这样一句话，“手巧不如家什妙”。在玉器雕琢中，如何巧妙地使用工具是非常重要的。同样一块玉料，因为艺人们掌握工具熟练程度的不同，雕琢出成品的差别就很大。因此，必须熟练地使用各种工具。归根结底，这一步需要做的就是琢和磨。首先需要切开玉料，这就是琢玉，使用圆盘锯、錾铊等，将造型中多余的玉料去除。琢玉的主要手法有铡、标、扣、划等。

18K 铂金配钻石吊坠

种类：翡翠

规格：24.4g

市场参考价：18 万元

在对玉料进行雕琢之后，作品有了基本轮廓，这时候切割的方法就不再适用，就需要磨玉了。研磨是使用冲铊和磨铊等工具，将造型中的余料磨掉。研磨的主要手法有冲和轧，冲是指大面积磨削；轧是指深度磨削，即轧出较细部分的立体感，如给人物头部开脸，轧出嘴、鼻、耳等。玉料经过铡、标、扣、划和冲以后，基本造型大概就形成了，为使一些细小部位更清晰，还需要用打钻、勾撤、掖撞等手法进行操作。

如意

种类：蜜蜡

规格：42.8g

市场参考价：3.6 万元

打钻就是钻眼；勾撤就是用勾铊勾出细微花纹，顺勾线去除小余料；掖撞就是用钉铊顶平地面，其实就是把勾后的底部清理干净，使作品整洁、利落。勾撤和掖撞既有助于出造型，又促使边线更加利落。在研磨过程中，依造型和制作时不同部位的需求，选用合适的勾铊、轧铊和钉铊。研磨完成后，为了使玉面光滑，还要再用各种工具细磨一遍，用到的工具主要有磨铊、轧铊、杠棒等。

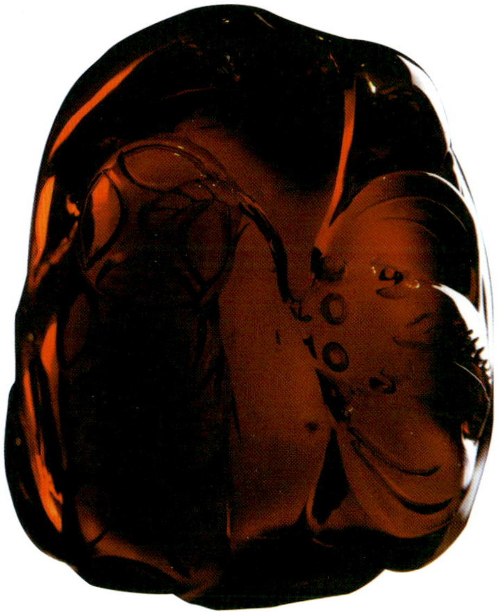

福在眼前

种类：琥珀

规格：20.83g

市场参考价：4800 元

另外，因为玉雕艺人面对的玉器造型各不相同，每件作品都有不同的特色，所以在运用工具时要特别灵活，要随着雕琢进入到不同阶段而随时更换。一位经验丰富的玉雕师，在雕琢之前，首先要构思成熟，要做到胸有成竹，然后才能做到对不同型号的工具准确地运用。比如为了避免费工费时，加工时，能用大型工具的地方就不用小型工具；能用铡铊时就不用錾铊处理。此外，雕琢玉器时还要用到磨料、水和刷子等。

钱袋

种类：血珀

规格：7.5g

市场参考价：2600 元

玉雕的抛光

把雕磨成型的玉器表面磨细至镜面状态叫作抛光，光照射其表面，反射的光线越多，玉器表面越光亮。抛光是玉石雕刻的最后一道工序。

1．去粗磨细

将玉器表面磨细的过程又叫“去粗”，即去除糙面，令玉器表面变得细腻。去粗只能改变作品表面不平整、粗糙的状况，不能改变作品的造型和纹饰，尤其是纹饰的细致部位，不能因为去粗而使其变得不清晰。磨细采用的工具包括人工自行制成的胶铊等。

2．打磨罩亮

去粗这一步骤完成以后，作品表面变得细腻、光滑。为使其表面形成光反射，还要继续打磨。打磨完成以后，要进行罩亮。罩亮就是在旋转的抛光工具上涂抹抛光粉，然后用抛光工具用力摩擦作品表面，这样作品的表面会更加平整，产生镜面反射，形成非常好的效果。这里要特别注意一点，抛光粉的硬度比作品材质的硬度大。

3．清洗打蜡

产品抛光后，要将产品上的污垢彻底清洗掉，根据作品质地和造型的不同，选用水洗、酸洗、碱洗、冷洗、热洗等去污的方法。

花开富贵

种类：琥珀

规格：11g

市场参考价：5500 元

清洗干净后，就要进行打蜡。首先将产品蒸烤加热至 80℃以上，用蜡块涂抹作品表面，固体的蜡遇热就会熔化在产品表面上，然后趁热用柔软的棉布将多余的蜡擦干净，使蜡脂均匀，玉制品就会变得更加温润、明亮。

玉雕常见吉祥图案寓意

◎吹箫引凤：也称弄玉吹箫、萧史弄玉。相传秦穆公有一女，名弄玉，善吹箫，一日，梦见一英俊青年戴羽冠、披鹤氅、骑彩凤，由天而降，自称是华山之主，要娶弄玉。秦穆公在华山寻得此人，名萧史，相貌出众，也善吹箫，弄玉十分喜欢。八月十五完婚后萧史乘龙、弄玉乘紫凤，双双驾云而去。故此，人们称佳婿为乘龙快婿，新娘为吹箫引凤。

◎聪明伶俐：图案以葱和荔枝表示，希望孩子聪明伶俐。

◎夫妻和合：由鸳鸯和荷花表示夫妻相处和睦、相亲相爱之意。

◎夫荣妻贵：由芙蓉和桂花组成画面，寓意丈夫荣耀，妻子位置也随之优越。

如意

种类：冰种水晶

规格：11cm×5cm×21cm

市场参考价：2.8万元

成器的装潢

作品完全完成之后，最后的步骤是玉雕的装潢，玲珑的玉雕再配上得体的底座或匣，作品才更加完美，它们也能很好地保护玉雕。

1．美化玉雕

玉雕底座的材质可以是木质，也可以是石质。一般大型玉雕作品采用石座的情况较多，小型玉雕常选用木座，按装饰纹样不同可配云座、素座、嵌银丝座和根雕座等。配座要注意不能喧宾夺主，要起到很好的衬托作用，要与玉雕作品搭配和谐。

喜上眉梢

种类：白俏紫水晶

规格：16cm×12cm×23cm

市场参考价：5.5 万元

2．保护玉雕

匣是玉件的外包装，匣的材质有纸质、锦质、木质等种类。不论匣的材质是什么，匣内应有柔软的隔层。软囊可用棉花、海绵或泡沫当填充材料，外裹绸布。绸布的颜色最好要能够烘托出玉制品的色彩，隔层的作用是为了分隔底座和玉雕，以免两者在匣内相互磕碰。

玉雕作品的座与匣既能避免作品被磕碰，还能很好地衬托玉雕，玉雕作品与座、匣相辅相成、相映生辉。

荷花鸳鸯挂坠

种类：和田玉

规格：36g

市场参考价：2.38 万元

长宜款水牛牌

玉雕的纹饰特点

玉器上雕琢的图案花纹种类繁多，它们或起到装饰作用，或代表某种含义，这些图案花纹被统称为纹饰。鉴定和评价玉器的一个重要内容就是观察纹饰的雕刻技法、构思、表现主题等。我国古代玉器纹饰众多，设计和谐，雕琢精美，为玉雕作品增色不少。

福禄

种类：蜜蜡

规格：15.8g

市场参考价：1.1 万元

几何纹饰

云纹

云纹是玉坠、玉璜等平面器物的常用纹饰，它由云头和云尾组成，线条柔和婉转，常成组出现。云纹的发展经历了几千年的演变，每个朝代的云纹都有不同的特点。春秋、战国时期的云纹较为抽象；汉代的云纹运用很广，出现了云气纹、卷云纹等；魏晋以后云纹变得更加写实；唐代以后如意形云纹较为普遍。云纹在原有的基础上变得越来越复杂、越来越精美。

官上加官挂坠

种类：和田玉

规格：55.4g

市场参考价：2.5 万～2.8 万元

花开富贵

种类：琥珀

规格：6g

市场参考价：3800 元

蒲纹

蒲纹是由数条平行直线交叉形成的一定的格形花纹，与编织的蒲席颇为相像，故得此名。蒲纹雕刻刀法较深，又有一定的坡度，因此单个纹形会呈现出浅浮雕般的六边形。在汉代玉璧上常见蒲纹。其简洁利落、古朴大方，深受历代玉雕艺人喜爱。

乳钉纹

战国时期和汉代非常流行乳钉纹，它是一种比平面器物高凸的圆乳钉状纹饰。战国时期玉器上的乳钉纹的特点是大小相等、光滑圆润，由几十至上百个组合并均匀整齐地斜向排列；汉代开始在平面上雕琢交叉平行的斜直线组成的菱形格，然后每格内雕琢一个凸起的半圆形乳钉，即斜格乳钉纹，这样完善后整体显得整齐大方，更加美观。

鱼

种类：琥珀

规格：5.5g

市场参考价：1900 ~ 3500 元

玉雕常见吉祥图案寓意

◎瓜瓞绵绵：大者曰瓜，小者曰瓞。瓜，籽多藤长，大小瓜结在绵长的藤上象征子孙万代、世代绵长，又意指良缘之喜。图案常用累累的大小瓜和绵长藤蔓表示。

◎和合如意：由荷、盒和灵芝构成，寓意和谐美好、称心如意。

◎花好月圆：图案常用圆月和盛开的花朵表示，作为祝贺新婚的贺词。

◎举家欢乐：图案以菊花、花架和飞舞的鸟表示，“菊”与“举”、“架”与“家”谐音，飞舞的鸟显示欢乐，寓意全家和睦、美满、幸福。

◎连生贵子：莲花是花中君子，其花和果同时生长，引申出连生贵子。画面多以一童子坐在荷叶上，一手抱笙、一手拿莲子表示，寓意多子有福。

连年有余

种类：琥珀

规格：10.4g

市场参考价：5000 元

谷纹

谷纹由圆乳状颗粒加弯曲的短线组成。之所以叫谷纹，是因为圆乳粒与谷粒相似，弯曲的短线与谷芽相似。各个时代的玉璧上都常见到谷纹，其装饰效果非常好。

连珠纹

连珠纹就是多个定向排列的小圆圈组合，常在带板、带扣等器物的边缘处出现。

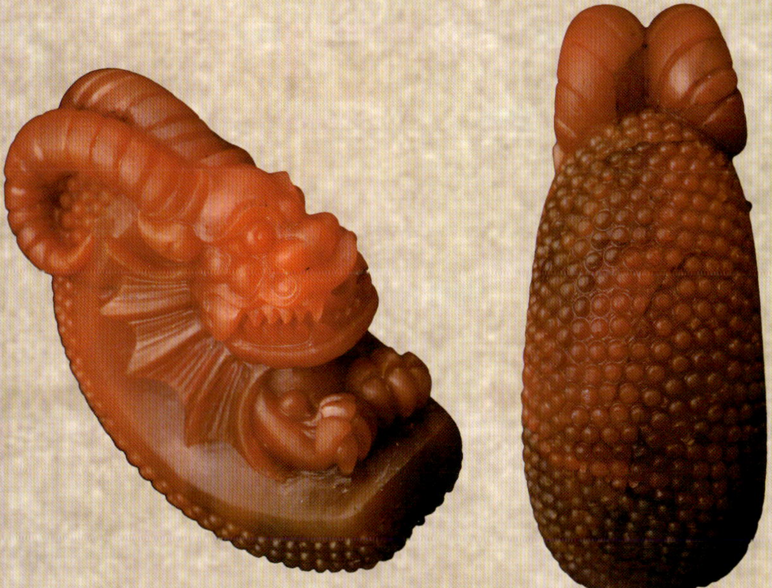

火龙雕件

种类：南红玛瑙

规格：不详

市场参考价：2.2 万元

双圈纹

双圈纹即两个或两个以上大小不等的圆圈套在一起的纹饰。在西汉时期比较流行，常在质地粗糙、做工简陋的玉器器面上出现。

绳纹

绳纹又名弦纹，纹形似缠绕的绳索状。在汉代以后的玉器中绳纹开始流行，多作为主体纹饰的辅助纹饰或界栏出现。明清时期，也出现了一些绞绳状的玉镯，很新颖。

吊坠

种类：翡翠

规格：23g

市场参考价：9.3 万元

18K 铂金配钻石吊坠

种类：高冰翡翠

规格：12.5g

市场参考价：7.2 万元

环带纹

环带纹是一种变形兽体纹，宽阔的环带犹如兽类上下起伏的身躯，也类似于连绵起伏的波浪。西周至春秋时期环带纹很受欢迎，常在玉器的腹部和颈部起装饰作用。

涡纹

涡纹由中心的圆圈和沿圆圈边缘向内旋转的多条弧线组成，似被激起的水涡形状，故得此名。夏朝至战国时期，玉器上常出现涡纹。夏朝涡纹非常简单，旁边的弧线还没有出现，多装饰在斝的腹部；西周中期后，涡纹外圈常以雷纹装饰；春秋战国时期出现了弧线双钩的涡纹。涡纹并不只是单独使用，商末周初时期涡纹常与龙纹、雷纹等搭配出现。

财神挂坠

种类：和田玉

规格：86.5g

市场参考价：2.2 万 ~ 2.5 万元

重环纹

重环纹的样式是在细长的环形带内排列着数个至数十个椭圆形环，通常环绕器身来装饰。重环纹的环有一重、二重、三重等不同形式，环的两端分别为凸起的半圆形和凹入的半圆形。在西周中晚期的玉雕器物上常出现这种纹饰。

雷纹

雷纹又名回纹，由方折角的回旋线组成。雷纹并不多见，只在少数情况下出现在一些神奇的动物和礼仪玉器中，宋代以后常用它来装饰边框。

蝶恋花挂坠

种类：和田玉

规格：36g

市场参考价：10 万～ 11 万元

山水挂坠

种类：和田玉

规格：13.1g

市场参考价：1 万～ 1.2 万元

原籽兽面挂坠

种类：和田玉

规格：55.9g

市场参考价：7.8 万元

动物纹饰

兽面纹

兽面纹也称饕餮纹，是新石器时代晚期至战国时期的玉制器物上的常见纹饰。兽面纹融合了自然界多种猛兽的特征，同时加入了古人的想象。良渚文化玉器中的兽面纹中，兽的眼睛是小圆圈，外框的椭圆形凸面是眼睑，细致的卷云纹或弧线、短直线出现在眼睑、鼻、嘴中。商周时期的兽面纹是对称的，大多以鼻梁为中心线，张开血盆大口，有的还雕出獠牙，看起来非常凶猛残暴；战国时期的兽面纹常用来装饰玉剑饰和玉璧，这时的兽面纹雕刻得更加细致，工艺精湛；明清时期，偶见兽面纹出现在仿古玉器上，但常工艺粗陋，远比不上真品的神韵。

玉雕常见吉祥图案寓意

◎榴开百子：石榴是多子多福的象征。图案由石榴组成，寓意多子。

◎麒麟送子：麒麟为祥瑞之兽。画面上童子骑在麒麟背上，有祥云、仙鹤、蝙蝠相伴，此语是祈求或祝福早生贵子之意。

◎因何得偶：荷花和藕、莲子等组成画面。“何”与“荷”、“偶”与“藕”谐音，更因为开荷花才结藕，寓意良缘之喜，为新婚祝颂的吉祥词。

◎鸳鸯贵子：图案多由鸳鸯和荷叶、莲子构成。鸳鸯成双成对，形影不离，人们将鸳鸯视为爱情忠贞不渝、婚姻幸福美满的象征，同时会生养好子女。

◎早生贵子：以枣和桂圆表示，借“枣”与“早”、“桂”与“贵”谐音寓意早生贵子，是新婚祝颂之词。

龙纹

龙纹即为龙的形状的纹饰。不同时代的龙纹各具特色，新石器时代红山文化遗址中出土了玉猪龙；商朝中期的龙纹特点是头部较大，一般都是巨口大张，獠牙外露，眼睛多为“臣”字眼；龙纹在汉代应用甚广，有多种样式；到了清代，龙纹被精雕细刻，龙爪前伸，但不像早期龙纹那般凶猛。

古韵龙牌

种类：南红玛瑙

规格：31g

市场参考价：1 万元

富甲天下

种类：和田玉

规格：23.5g

市场参考价：5 万～ 5.5 万元

貔貅挂坠

种类：和田玉

规格：10g

市场参考价：1 万～ 1.5 万元

蟠虺纹

蟠虺是传说中的一种小蛇。蟠虺纹就是用各种形态的蟠虺相互缠绕构成连续的几何图案的纹饰。在春秋战国时期，它经常出现，常布满器物全身。

螭纹

螭是古代传说中一种没有角的龙，又名蟠螭或螭虎，多呈盘曲蜿蜒或攀援状。螭纹是一种典型的传统装饰纹样，为蜿蜒蛇形、龙形或四足走兽形的样式，与龙纹比较接近。战国时期的玉器上最早出现了螭纹，汉代时得到了较大发展，之后一直沿用到清代。

耄耋富贵

种类：和田玉

规格：28.6g

市场参考价：3.5 万～ 3.8 万元

双螭鸡心佩

种类：和田玉

规格：38g

市场参考价：9800 元

貔貅把件

种类：和田玉

规格：96.5g

市场参考价：6.6 万～7 万元

夔纹

夔也是神话传说中的一种猛兽，形似龙。玉器上夔的形象为一角一足，躯体细长，为爬行的样子，嘴巴大张，尾巴上卷。商朝中期至西周前期夔纹很受欢迎，常首尾相接缠绕一周用来装饰器物的颈部；器物肩部或腹部也会用到夔纹，变成三角形，或在器腹中部对称组成兽面纹。

有凤来仪

种类：金丝发晶

规格：13.5cm×7.5cm×5cm

市场参考价：6.8 万元

凤鸟纹

凤鸟纹为凤鸟的形状，它自新石器时代诞生以来，一直到今天还在应用。不同时代的凤鸟纹样式差异较大。新石器时代出土的玉器上的凤鸟纹非常简单，雕琢粗糙，仅是用阴线刻出轮廓；汉代的凤鸟纹制作工艺较高，观赏性强，头顶为三叉花形冠，长颈弯曲，腹部挺起，喙连于翅边，长尾卷曲向下，凤鸟的五官和羽翅都是用细小的阴线雕刻的，非常精致；明清时期的凤鸟纹形象与孔雀相似，头顶为如意形花冠，眼睛类似我们常说的丹凤眼，颈部、双翅及形如孔雀的细长尾部都精雕细刻、形象生动。

金翅鸟

种类：琥珀

规格：7g

市场参考价：3500 元

鱼纹

鱼纹就是鱼形纹饰，始于新石器时代，并一直到明清时期都很受欢迎。红山文化和良渚文化遗址中都有造型简单的玉鱼。到了商朝，鱼纹应用增多，雕刻也变得精细起来，眼睛又大又圆，鱼背和腹部开始出现鱼鳍，鱼身都雕刻了长圆形的鱼鳞。唐代，鱼鳞变为半圆形。宋金时期的玉鱼是头尾上翘、胸部下垂的弯曲形态，采用密集阴刻的斜方格线雕刻鱼鳞，也有时不刻鱼鳞。元代时期，鱼唇宽阔，口微张，带有半圆形眼眶，鱼形肥胖挺直，鱼鳞为斜格状。明代，鱼纹为双环眼，身体较平整，有多种鱼鳞样式。清代，鱼纹形态为尾巴上翘，尾尖分叉，制作工艺不精。

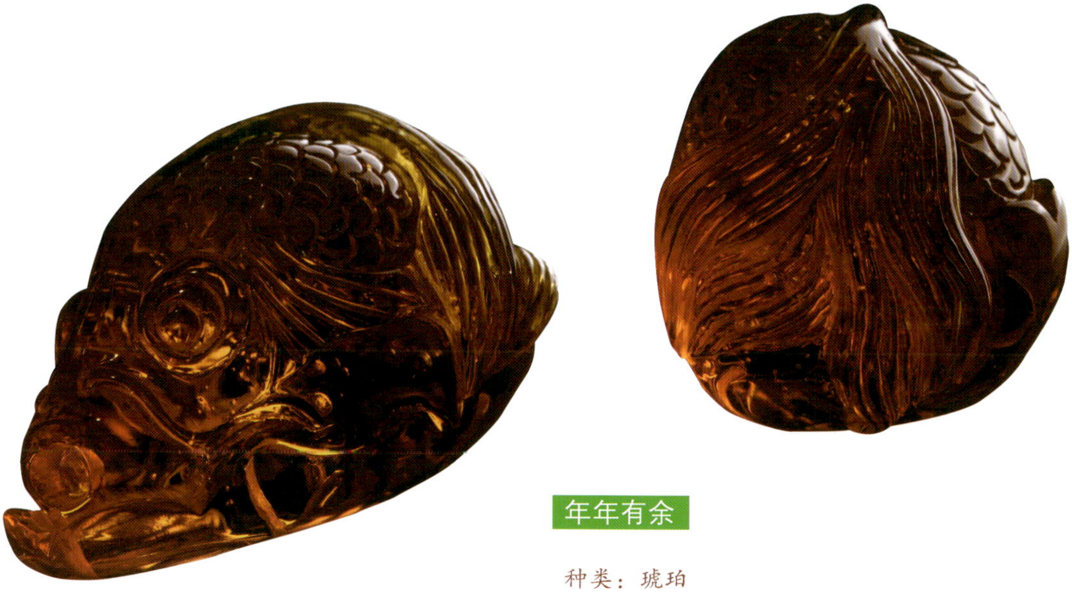

年年有余

种类：琥珀

规格：12.8g

市场参考价：9800 元

连年有余

种类：琥珀

规格：23.7g

市场参考价：1.98 万元

蝉纹

蝉纹最早可追溯到新石器良渚文化时期，汉代迅速发展，并一直沿用到明清时期。早期的蝉纹制造简单粗陋，仅可辨蝉体轮廓。战国时期开始用阴线刻玉蝉的头、腹、翅等部位。汉代，葬玉中大量使用玉蝉，将其含在尸体口中，蝉体为扁平状，棱角分明，小巧精致。明清时期大量出现玉蝉，其外形变得更厚实，用阴线或阳纹清晰地雕刻出翅膀、肢爪等细致部位，头部多有穿孔，栩栩如生。

知音挂坠

种类：和田玉

规格：12.9g

市场参考价：8000 ~ 1 万元

龟纹

最早的龟纹出现在新石器时代，经历了各朝代的发展，直到今天还在应用。龟是我国古代的神兽之一，代表了长寿，许多名贵的玉器上都能见到龟纹。

龙龟鸿福

种类：吉红兔毛水晶

规格：3.5cm × 1.8cm × 4cm

市场参考价：1800 元

原籽龙龟把件

种类：和田玉

规格：158g

市场参考价：8.8 万元

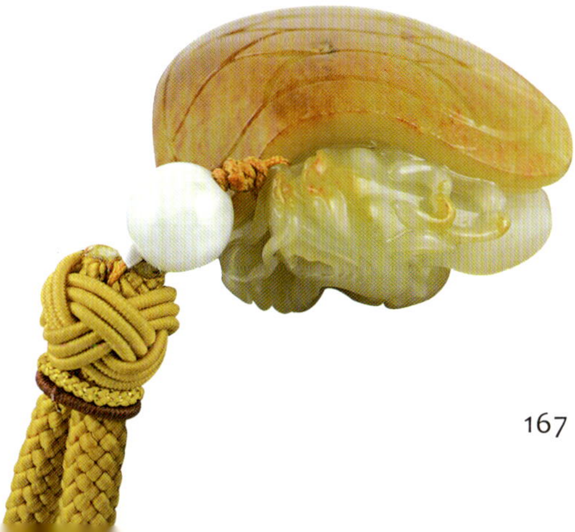

吉祥挂坠

种类：和田玉

规格：5.5g

市场参考价：1.2 万元

金蟾印章挂坠

种类：和田玉

规格：32.9g

市场参考价：2.6 万元

蚕纹

蚕纹中蚕的形象为圆头凸眼，身体蜷曲，非常美观，由多个蚕体横向排列，组成蚕纹。蚕纹常环绕在器物口沿或足部，装饰效果非常好。商周时期非常流行蚕纹。

鸳鸯纹

宋代至明清时期的玉雕作品常用鸳鸯纹，最常见的是用作图案纹饰，有时也被琢磨成圆雕的佩饰或陈列品。

雁纹

雁纹是鸟纹中雁的写实的形象，商朝时期出现，唐宋时期比较受欢迎。

鹿纹

唐宋以后还很流行鹿纹。鹿与“禄”谐音，寓意加官晋禄，是民间大受欢迎的题材。

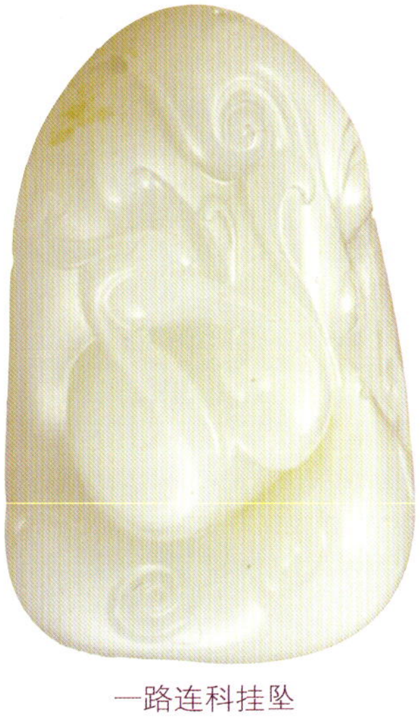

一路连科挂坠

玉雕常见吉祥图案寓意

◎龙：龙是玉雕中最为广泛的题材。龙身长，有须，驼首、鹿角、蛇身、鱼鳞、鹰爪，能腾飞，能行走，能潜水，能行云布雨，也能祛邪致福，是造福万物的神灵。

◎麒麟：古代传说的祥瑞神兽，雄为麒，雌为麟，其身体像麋身、牛尾、狼蹄的组合，一只角，是吉祥平安、太平盛世、天下统一的象征，也可避邪赐福，是玉雕中的重要题材。

◎十八罗汉：释迦牟尼佛曾令十六罗汉前往人世间普度众生，后增加到 18 位罗汉。十八罗汉形态各异，各司其职。据说佩戴或供奉罗汉像可以保平安、祛邪恶，是玉雕中的重要题材。

◎释迦牟尼：佛教创始人，姓乔答摩，名悉达多，因其父为释迦族，成道后被尊称释迦牟尼，意为释迦族的圣人。相传释迦牟尼是古印度迦毗罗卫国净饭王之子，有感于人世间的各种烦恼，欲求解脱，出家修行，觉悟成佛，80 岁涅槃于拘尸那城。诞辰日为阴历四月初八，成道日为十二月初八，涅槃日为二月十五。

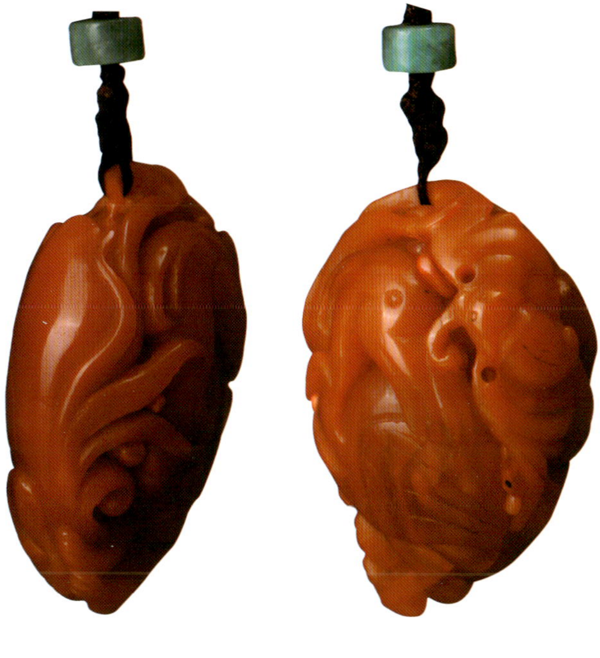

一路有福手把件

种类：南红玛瑙

规格：不详

市场参考价：1.5 万元

鹤纹

鹤也代表了长寿，鹤纹常与松树、鹿、乌龟或寿星等吉祥的事物组合在一起出现，极受人们青睐。宋代以后鹤纹开始流行，明清时期达到顶峰。

人物纹饰

以人物为主要题材的纹饰就是人物纹，这种纹饰于新石器时代晚期出现，在各朝代均有一定的发展，明清时期最为流行。早期的人物纹主要以头像为主，制作较粗糙，工艺较差。也有少量的人面形象，是用线雕刻出来的，人物的头、发、冠、鼻、口都刻得很细致。其中良渚文化中的玉雕的人物形象最具观赏价值。迄今发现最早的人物全身图案来自于距今5300年的安徽省凌家滩文化遗址，这里出土了站姿或坐姿的玉人。从商朝开始，全身的人物图案多了起来，这时期用双钩阴线雕刻人物的眼、鼻、口，眼为“臣”字眼，此时期的人物纹表情僵硬。战国和汉代出土了较多乐舞人物纹，多被雕刻在扁平状玉片上。此类纹饰主要为女性，为甩袖舞蹈的姿势，线条顺滑，雕刻精美。唐代的一些玉器上还出现了乐舞胡人纹，胡人的深目、高鼻、卷发特征可以清晰地看到。

明清时期的人物纹数量最多，主要有戏婴、历史典故、宗教及山水人物等常见图案。婴戏纹、四喜纹、童子戏莲纹、童子攀枝纹、人物故事纹等非常受人们欢迎。

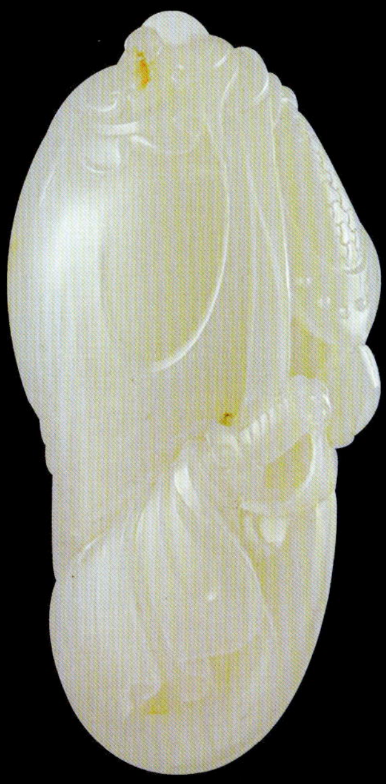

关公把件

种类：和田玉

规格：129g

市场参考价：19.8 万元

原籽黄沁童子挂坠

种类：和田玉

规格：14g

市场参考价：3.8 万元

童子戏莲

种类：和田玉

规格：93.6g

市场参考价：2 万～2.8 万元

俏色关公挂坠

种类：和田玉

规格：9g

市场参考价：1 万元

玉雕常见吉祥图案寓意

◎四神：也称四灵，指青龙、白虎、朱雀、玄武。青龙代表东方，为四神之首；白虎代表西方，为岁中凶神，人皆避之；朱雀代表南方，为吉祥威武之鸟；玄武代表北方，形似大蛇缠绕巨龟之状，又称龟蛇，位于北方为玄，身有鳞甲为武，故称玄武。

◎饕餮：传说中的一种凶恶贪食的野兽，古代铜器及玉器，尤其玉琮上常用其头部形状做装饰。

◎天中辟邪：天中指阴历五月初五的天中节，即端午节，画面由钟馗手持宝剑表示，寓意端午辟除邪祟，保平安。

◎五毒图：蝎、蛇、蜈蚣、壁虎和蟾蜍为五毒，相传端午节时挂五毒图在身上可以避邪免灾。

◎钟馗：传说唐明皇患病时梦见大鬼吃小鬼，唐明皇问之，大鬼自称钟馗，生前应试武举获得会元，殿试时因其相貌丑而被黜，受到不公正对待，愤极便触石阶而身亡，为此决心消灭天下妖孽。被人们认为是镇邪祛恶的正义神明。

植物花卉纹饰

在古代玉器中一定少不了植物花卉纹，这类纹饰从唐代以后就一直广受欢迎。唐代的花卉纹中多见荷花，一般穿枝过梗，与凤鸟纹组合在一起。宋代花卉纹中也常见荷花，此时期荷花纹的花、茎、果都雕刻得非常细致，工艺精湛，非常美观。宋代以后，还出现了许多吉祥图案，牡丹是荣华富贵的象征，雍容的牡丹在玉器作品中出现得最多。明清时期，玉雕中的植物花卉纹饰极其丰富，包括牡丹、荷花、梅花、菊花、兰花、白菜、扁豆、葫芦、葡萄、石榴、竹等，这些纹饰通常都象征着吉祥美好，精雕细刻，观赏价值很高。

童子戏弥勒

种类：高冰翡翠

规格：高 4.5cm，宽 3.5cm

市场参考价：8 万元

玉兰花

种类：冰种翡翠

规格：4cm × 2.5cm

市场参考价：2.6 万元

福瓜

种类：冰种翡翠

规格：12.61g

市场参考价：6.88 万元

蝶恋花挂坠

种类：和田玉

规格：36g

市场参考价：8800 元

玉雕的收藏与养护

如今，随着人们经济收入的增加和文化素养的提高，玉雕的收藏爱好者日益增多。为避免收藏者由于知识不足，导致在收藏玉雕作品时上当受骗，或使一些珍贵玉雕受损而失去珍藏的意义，本章详细介绍玉雕的收藏与养护知识。

玉雕雕工好坏的辨别

对玉雕雕工的评价难度较大，因为没有从事过工艺美术行业的人是很难判断艺术品的价值的，缺乏基本玉雕专业知识的人就更无法判断了。另外，玉雕作品的题材范围十分广泛，而且表现题材随着时代的发展也在不断变化发展，因此，必须对玉雕作品的审美元素进行分解和概括，才能真正领悟玉雕作品的鉴赏和评价要领。

一叶知秋

喜梅傲雪

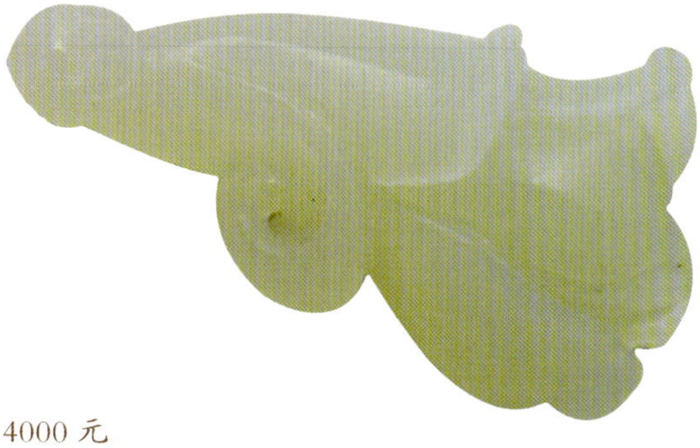

玉兰花挂坠一对

种类：和田玉

规格：7.4g

市场参考价：3500 ~ 4000 元

作为造型艺术，玉雕特别强调形式美，常用不同的雕刻手法来表现。如圆雕可以通过体、面、线等造型手段表现玉质和作品的题材。浮雕可以利用透视、错觉、实影造成较为虚拟的空间效果，表现错综复杂的场景。如果同时运用圆雕和浮雕两种雕刻手法，则两种表现形式穿插运用，相互衬托，可以更好地表现出其立意深远、内涵丰富的主题。

另外，原料的优劣也可以当作玉雕价值的判断依据之一，但这绝非最重要的。在现代工艺中，升值空间大的玉雕制品，并非是那些原料好的玉雕制品，而是通过艺术大师精心创作而成的玉雕。现在的一些玉雕作品，其原料只能算是中档，还有些玉雕作品的原料档次还相当低，但是它的价值却能够达到数万元、几十万元，甚至是上百万元，这就与雕刻师有直接关系了。

另外，还要注意鉴别机器工和手工工艺，一般可以从以下几方面进行区分：

（1）机器雕刻的牌子、佛、观音等题材比较多，款式大众化，雕刻的纹路花式均一致，经常会看到好几件款式及雕法一模一样的制品。

（2）机器所雕刻的线条都比较浅，工艺压线浮于表面，从整体观察，工艺的压线深度都完全一致。

（3）机器雕刻的佛或观音，佛为标准的圆形薄板状大肚子佛，观音多为盘腿坐在莲花座子上面的形态，所雕刻的面部表情都十分标准而细腻，但是雕刻线条多数深浅一致，为浅浅的勾勒。

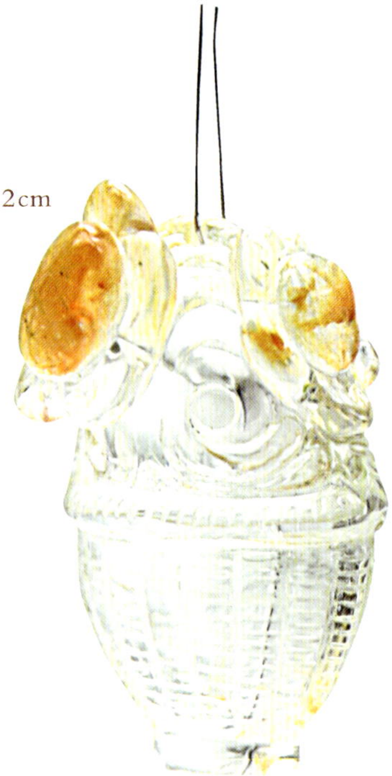

花篮

种类：红兔毛水晶

规格：3.3cm × 1.6cm × 5.2cm

市场参考价：1800 元

节节如意

种类：白水晶含红云母

规格：2.6cm × 1cm × 5cm

市场参考价：2660 元

玉雕收藏要诀

收藏上等玉雕作品应该记住新、奇、绝、优这四大要诀：

1. 新

就是工艺制作一定要有创新。将时代气息与传统制作相结合，新颖奇特的玉雕作品必然有很大的升值空间。

2. 奇

奇指的是原料的选择和创作。大师们应该按照玉料本身的形状和材质，玉料的大小、颜色、质地、纹理来进行创作和设计，因材施艺，以奇特出巧、以巧妙出奇，将玉器的天然美感彰显出来。

花开富贵

种类：琥珀

规格：8.6g

市场参考价：5800 元

梅花挂坠

种类：红兔毛水晶

规格：3.5cm × 1.5cm × 4.5cm

市场参考价：1900 元

百财挂坠

3. 绝

绝指的是原料要好。玉料品质有很大的差别，这就决定了玉雕作品的欣赏价值和收藏价值。

4. 优

就是指玉雕的制作水平要高超。精妙绝伦的玉雕制品的价格必然高于普通的玉雕制品。

总而言之，市场上的玉雕制品有很多，但是品质优良的玉雕制品却难得一见，收藏者一定要善于发现，加强自己的收藏知识，按照这 4 个要诀对玉器进行收藏，才能够在玉雕收藏中有更多的收获。

玉雕保养要点

人们都说“玉养人，人养玉”，一个“养”字，不仅说明了玉具有生命，并且说明了玉雕保养的重要性。

1. 避免碰撞

玉石非常硬，但是一旦撞击非常容易裂，虽然其裂纹用眼睛看不容易发觉，但是玉表层内的分子结构已经受到损坏，有暗裂纹，这对玉的完美度和经济价值会有非常大的损害。

2. 避免灰尘

尽量避免灰尘。玉器上有了灰尘，应该用软毛刷进行清洗。如果在玉器上发现污垢或油渍，应该用温和的肥皂水进行清洗，然后用清水冲洗干净。千万不能用化学除油污剂、除油液。

一枝独秀

满绿荷叶

种类：翡翠

规格：高 4.5cm，宽 3.5cm

市场参考价：3 万元

3. 妥善放置

应该将其放在首饰袋或首饰盒内，避免摩擦或碰损。如果是上等的玉雕，更不要放在柜面上，避免尘垢影响其透亮度。

4. 避免接触不当液体

尽量不要接触到香水、化学剂、肥皂和人体汗液。如果玉器上有过多的汗液，佩戴后又不及时进行擦净，就会使其受到侵蚀，使玉器的鲜艳度受到影响。特别是玻璃地翡翠、羊脂白玉，更应该避免汗和油脂。

5. 避免阳光暴晒

玉器不要放在太阳下暴晒，因为玉器受热会膨胀，使玉质受到损害。芙蓉玉、水晶、玛瑙等在高温下甚至会有爆裂的可能。

6. 合理擦拭

玉器一定要用干净、柔和的白布擦拭，不要用染色布、纤维质硬的抹布进行擦拭。有钻石、红蓝宝石、祖母绿等宝石镶嵌其中的玉首饰，也只适合用白布进行擦拭，这对养护原质非常有帮助。

7. 湿度应适当

湿度对于保持玉器的品质非常重要，特别是水胆玛瑙、水晶类的玉器。玉器的放置环境不能太干燥。

玉雕的清洁方法

1. 避免化学制剂

化学制剂很损伤玉石，如各种洗洁剂、肥皂、杀虫剂、化妆品、香水、美发剂等。如果不慎抹上，一定要及时地对玉石进行清洗，千万不能让它损坏玉石。

2. 尽量不要与灰尘、油污等接触

如果玉石表面有污垢或油渍等，要及时用温水进行冲刷，然后用清水冲净，千万不能使用化学除油污剂。

笑娃

种类：南红玛瑙

规格：不详

市场参考价：3 万～5 万元

原籽童子挂坠

种类：和田玉

规格：17.9g

市场参考价：8800 元

3. 进行水泡

新买的玉器应该放在清水中浸泡一段时间后，再用软毛刷（牙刷）对其进行清洗，然后用清洁的棉布擦净，进行如上处理后再进行佩戴。

4. 棉质白布抹擦

玉器挂件尽量要用清洁、柔和的棉质白布抹擦，不要用染色布、纤维质硬的抹布，这样能够使玉石的原质得到更好的养护。

5. 定期进行清洗

通常情况下，应该隔一段时日对玉器做一次清洁护理。

墨翠关公

种类：翡翠

规格：高 7cm，宽 4.5cm

市场参考价：1 万元

后记

postscript

玉雕是我国传统工艺的一种，是中华民族文化遗产中的一朵奇葩。在几千年的发展历程中，我国玉雕工艺形成了独特的工艺风格，并创造了璀璨的玉文化，在世界上享有很高的声誉。

玉雕的品种很多，主要有人物、器具、鸟兽、花卉等大件作品，也有别针、戒指、印章、饰物等小件作品。其工艺除了常见的浮雕、圆雕、镂雕外，还有线雕、内雕以及现代使用的螺纹组合。书中各类工艺虽分而述之，但在玉雕作品中很难分出某件作品是某种工艺，更多的是将各种工艺集于一身，或以某一种工艺为主，其他工艺兼备。尤其在人物、花鸟、花卉、动物创作中更讲究因料设计，独辟蹊径，使玉雕作品更精美、形象、生动逼真，从而给人栩栩如生、活灵活现的感觉，而使世人更加喜爱。

为弘扬民族文化，推动玉雕工艺及收藏的发展，我们精心编撰了本书，书中汇集了河北保定拙雅轩玉道会所、宝兴楼、德鋆堂以及天津君宝阁、磐金阁的藏品图片，其中部分藏品还是首次公开展示，因而大大丰富了本书的实用性与艺术性。

在本书付梓之际，衷心地感谢各位藏友的大力支持，感谢所有参与本书编审的工作人员。希望本书的出版能给广大玉雕爱好者带去知识，带去帮助。

玉 雕 收藏品鉴

总 策 划：袁 海 王丙杰
贾振明 张建平

项目负责：张建平

排版制作：腾飞文化公司

编 委 会：林婧琪 邹岚阳 陆晓芸
夏弦月 吕陌涵 潇诺尔
鲁小娴 阎伯川 白若雯

图片提供：刘军成 秦志勇 刘高峰
胡长君 李津成 黄 勇
河北保定拙雅轩玉道会所
河北保定恒祥北大街宝兴楼
河北保定恒祥北大街德鋈堂
天津古玩城君宝阁
天津古玩城磐金阁